JN082562

改訂・全部見せます

小3理科授業

なぜクラス中がどんどん理科を好きになるのか

教育出版

まえがき

　新しい理科の授業が始まった。

　2020 年から始まる新しい理科授業で身につけさせたい力は，2016 年 12 月の中央教育審議会答申に次のように示されている。

　　1　生きて働く「知識・技能」の習得
　　2　未知の状況にも対応できる「思考力・判断力・表現力等」の育成
　　3　学びを人生や社会に生かそうとする「学びに向かう力・人間性等」
　　　の涵養

　これらの力を，次の 3 つの学習活動をすることによって，育てていく。

　1 つ目は，知識・技能の確実な「習得」を図る授業。2 つ目は，習得した知識・技能を生活や学習に「活用」する授業。3 つ目は，自分で問題を見つけ解決していくという「探究」型の授業である。

　探究型の授業は，発展的な内容をも含むものであり，総合的な学習の時間を活用して行ってもよいものである。探究を行う学習では，「習得した知識・技能」の「活用」が行われる。発展的な内容で，しかも，今まで習得した知識と技能をフルに活用する学習のことを「探究型の授業」と呼ぶ。

　習得型の授業では，基礎的・基本的な知識・技能の習得をねらっている。そして，活用の授業と探究の授業によって，科学的な思考力・判断力・表現力などの育成をねらっているわけである。

　この「習得」，「活用」，「探究」の学習過程は，はっきりと区分がなされるものではない。「活用」をしながら知識と技能を「習得」していく場合もあるし，「探究」しながら知識と技能をもう一度「習得」する場合もあるからだ。

　ただし，3 つのうちのどれに重点を置いたのかは授業者によって意識されるべきである。

　単元の中で，習得に重点を置いたのはどこで，活用に重点を置いたのはどこなのかを，おおまかにでも授業者は意識すべきである。

また，小学校学習指導要領解説理科編（2017）の中で，改訂の要点として，「問題解決の活動を充実」，「問題解決のそれぞれの過程において，どのような資質・能力の育成を目指すのかを明確に」する，といった改善のポイントが示されている。

　以上の改訂の趣旨を踏まえ，本書では，新学習指導要領の趣旨に沿って「どういう授業を行うことによって」，「どういう力を子供につけたいのか」を，単元ごとに明記するようにした。

　国際的な調査結果は，子供の理科に対する学習意欲が十分ではないことを示している。

　小学校3年生から理科の学習が始まる。ぜひ，この最初の時期に「理科好き」な子供を育ててほしいと願っている。

　理科は，本来楽しい授業である。やんちゃな子でも，実験や観察をしているときには，とても楽しそうに授業に集中するということが起きる。

　以前に担任したクラスの3年生の子供の一番人気の教科は理科であった。いちばん最近受け持った3年生は，授業満足度アンケートで90%以上が「好き」「大好き」と答えている。

　現在進められている理科授業の源流は，平成20年1月の中央教育審議会答申にある。基礎的・基本的な知識・技能を確実に習得させ，しかも科学的な思考力も育てることが重視されている。理科の授業時数が増え，理科教育が充実されるのは大変望ましいことだ。

　教室に理科好きの子供が増えることを願ってやまない。

※改訂にあたり追加した授業は，これまでのさまざまな実践や研究を通して最もよいと思える展開を示したものである。なお本研究の一部は，JSPS 科研費 JP 17K12936 の助成を受けて行った。

2020 年 1 月　大前暁政

目　次

I　身近な自然の観察

全部見せます　小3理科授業

I 身近な自然の観察

　観察の技能を教える絶好の機会となる単元である。ぜひ五感を使った観察を習得させたい。

　ゲーム的な要素をもった授業で，楽しく観察を行う。五感を使いたくなる場を用意することが教師の役目だ。そのうえで，五感を使って観察している子をほめることが大切になる。

　楽しく観察を行い，子供の発見をほめていると，子供は進んで五感を使って観察するようになる。また，図鑑などで不思議を調べてくる子供も出てくる。

　本単元は，3年生の最初の授業である。「理科って楽しいな」と思わせるしかけが必要だ。楽しい活動をする中で，ノートの書き方や授業のルールも教えていくようにする。

　また，3年生で身につけたい技能として「比べながら調べる」という力が学習指導要領にあげられている。「比べる力」を向上させるには，どうすればよいのか。

　比べる力を向上させるには，まずは，授業の中で，比べる活動を取り入れる必要がある。そして，子供が何かと「比べる」ことで何かを発見したなら，しっかりと「ほめる」ことが大切になる。

　理科の観察において，「比べる」活動は何度も行うことである。実物を見ながら，細かい部分の違いにも気付くことができるような活動を意図的に組んでいくとよい。

習得させたい知識

1　生物は，色や形，大きさに違いがあること。
2　生物は，周辺の環境とかかわって生きていること。

習得させたい技能

1　五感を使って観察することができる。
2　比べながら観察することができる。

単元実施計画

時　間	学習内容と指導方法の重点
第1時	【習得】校庭の生き物や植物を観察しよう
第2時	【習得】身近な植物の名前を覚えよう
第3時	【活用】フィールドビンゴでいろいろな生き物を観察
第4～7時	【習得】生き物と環境の関係を調べる
第8時	【活用】七草を見つけよう

校庭の生き物や植物を観察しよう

🌿観察には目的が必要

　4月最初の理科授業は自然探検をすることになっている。自然探検といっても，漠然と観察してはおもしろくない。なんらかの目的がないと，ただの遊びになってしまうこともある。目的を「春らしさを見つけよう」とした。

　子供にとっては初めての理科の授業である。いくつかのポイントをおさえる必要がある。

　まず，ノートの書き方をきちんと教えること。実験・観察の課題や目的は赤で囲ませる。気付いたことは，箇条書きにさせる。こういった点をきちんとおさえておく。

　外に観察に行くことを伝え，次のように指示した。

> 春らしいなあと思うことを，ノートに箇条書きにしなさい。

　細かいことだが，箇条書きというのが大切だ。番号をつけて，メモをしていくわけである。番号をつけているから，あとでいくつ見つけたのかが一目瞭然である。しかも，子供たちにとっても達成感がある。メモの数が増えていくから，やる気になる。ここで，いくつかの例示をする。

> 自分が春らしいと思うものなら何でもいいです。虫でも，植物でも，思ったことでも，何でもいいです。

　こうして，外に出かけていった。

❖観察はペアで行う

「お隣さんとだけ相談していいです」と指示した。

> 見つけたことは，あとで発表してもらいます。観察している時はないしょ
> にしていてください。でも，お隣さんとだけは相談していいですよ。

　こう言われると，お隣さんととっても仲よく相談することができる。
男女のペアなのだが，けんかなど起きない。やんちゃな男の子が，「お
い！　ここに虫がいるぞ！」と隣の席の女の子に耳うちしている。ほ
ほえましい状態である。

　それに，「ないしょ」というのがミソなのである。たくさん見つける
ことは，プライドにかかわる問題である。ペアの威信にかけて，たく
さん発見しようとがんばることになる。勉強以外のことに気をとられ
ない。観察だけに集中できる条件を作ったわけである。

❖黒板は子供に開放する

　校庭の畑や花壇，中庭などをみんなでぐるっと1周したところで，
教室に帰った。

何人もが同時に書けるよう板書は縦書きさせる

「まだノートにまとめていない人もいるはずです。時間をとりますから，発見したことをノートに書いていきなさい。書き終わったらノートを持ってきます。」

　改めて隣の人と相談して，「そんなのもあったなぁ。」と言いながらまとめている。

　書き終わった子からどんどん板書させていった。この板書も大切だ。縦に書かせるのが基本となる。横に書かせると，列ができるためだ。あらかじめ黒板に点を打っておくと，書く場所が子供に伝わって，よりスムーズに板書ができることになる。どの子もノートにたくさん書こうとしていた。

　なかなか書けない子は，友達が板書した内容を見て，ノートに書いている。まとめ終わった子は板書をしている。どの子にも空白の時間は生まれない。

❦ほめることで次の観察へのやる気を引き出す

　五感を使った観察を覚えてほしいと思い，聞こえた音や手触り，においなどのことを書いている子を思いっきりほめた。

　ここで重要なのが，教室での友達の発表を聞いてメモをしていた子を，ほめることである。次からは，友達の発表をのんべんだらりと聞かなくなる。自分の書いた発見と友達の発見とを比べて，自分と違った発見だけをノートにメモする習慣ができる。

　気付いたことがノートに30個以上書けていたら，ＡＡＡの評価とした。きちんとまじめにメモをしていた子は飛び上がって歓声をあげていた。

身近な植物の名前を覚えよう

❧観察のルールを教える

　2時間目は，野草の観察を行った。新学期が始まってしばらくたってからである。

　野草の花が咲いている頃合を見て，授業することにした。

　春の花の図鑑を作りましょう。花のついている草をとりに行きます。
　6つまでとりなさい。

　4人ひと組みで，花のついている草をとった。学校の中庭を中心に散策した。

　ルールをいくつか決めておいた。

　1つは，「先生が見える範囲で探すこと」である。あまり遠くに行ってしまうと指示が通らなくなる。

　もう1つは，「教室に帰るときは，先生よりも早く帰ること」である。最後の最後まで観察を続けていて，なかなか教室に帰らない子がいるからである。教室にさっと帰っている子が，なかなか帰ってこない子を待っているという状態を作らないようにする。

　教師が「それでは帰ります。」と指示を出したら，ゆっくりと歩いて教室に向かう。早く帰りなさい，いつまでも残ってはいけません，などと言う必要はない。ゆっくりと教室に向かって歩く。すると，子供たちが口々に言う。

「先生より早く帰るんで！」

「先生よりあとになってはいけないぞ！」

　教室に入ったときに，お隣さんと2人できちんと座っていた子をほめる。すると，やんちゃな男の子がなかなか帰ろうとしなくても，隣の席のしっかりした女の子が「早く帰りましょう！」などと言って促

してくれるのである。

　だから，私は小さな声で，「それでは帰りまーす。」と言って，ゆっくりと教室に向かって歩きだす。あとは何も言わない。子供としゃべりながら，帰るだけである。それでも，子供たちは私より先に教室に帰ってきちんと席に着くのだ。

　単純にゲーム感覚でやっているのだが，こういうルールを作っておくと，観察のあとさっと教室に帰ることができる。

観察のためのちょっとした工夫

　さて，前回の観察と同じルートで校庭をひととおりまわっていった。

　「前回と同じルート」というところがポイントである。子供たちはだいたいの植物の場所を覚えている。だから，自信のない子でも，前回の観察で見つけた花をとればいいのだから安心しているのである。

　さらに，時期による変化にも気付かせることができる。少し時期が変わっただけなのに花の咲いている植物が増えていたり，前は何も咲いていなかった場所に花が咲き乱れていたり，というような現象に出会う。珍しそうな植物を見つけた子がいたら，すごいなあ，とほめてまわった。

世界に1つだけの学校植物図鑑を作る

　教室に帰って，画用紙に植物を貼らせた。

> 今とってきた植物を，セロテープで画用紙に貼りなさい。

　セロテープで貼っただけだが，ちゃんと標本のようになっている。そして，植物を貼った画用紙を黒板に提示していった。つまり，黒板に各班がとってきた植物がずらっと並んだわけである。

　名前を子供に尋ねたが，子供はほとんど知らなかった。子供に図鑑で調べさせる手もあるが，写真と実物を比べるのは，大きさも異なるし葉の形や花びらのつき方など細かいところも見ないといけないので，

なかなか難しい。

　そこで，次の日までに，私が図鑑で
調べておいた。子供たちも，幾人かは
植物の名前を調べてくれた。もちろん，
思いきりほめた。

第3時

フィールドビンゴでいろいろな生き物を観察

◆植物の名前を記憶させる

　次の日に，黒板に貼ってある植物の名前を覚えるように指示。

> 　今から時間を3分とります。黒板に貼ってある植物の名前を覚えて
> いきなさい。

　「最低でも2つは覚えよう！」と言うと，「余裕で覚えられるよ！」
と頼もしい返事が返ってきた。

　キュウリ草など特徴のある植物をいくつか紹介した。キュウリ草は
どこにでも咲いている。葉をすりつぶすとキュウリのにおいがする。
子供たちはとても喜んでいた。

　このように，植物の特徴と名前を言うことで，ただの丸暗記ではなく，
意味を含んだ暗記になる。

◈ゲーム感覚で観察させる

さて，ここから，植物の名前も入れて，フィールドビンゴを行った。

フィールドビンゴは，ネイチャーゲームで取り入れられている方法で，アメリカのジョゼフ・コーネル氏が発表したものである。ビンゴカードを模した，3×3や4×4のマス目をノートに書き，そのマスにいろいろなキーワードを入れる。どのキーワードをどのマスに書くかは子供に任せるが，キーワードは教師が設定する。

「青い花の植物」「鳥の鳴き声」「飛んでいる虫」「池の中の生き物」「くもの巣」「地面をはう虫」「軟らかい葉」「甘いにおい」などのキーワードをマスに書き込んでいく。五感を使わないと見つけられない言葉を入れるのが，ポイントである。盛り上がることまちがいなしである。

鳥の鳴き声に耳を傾ける子供たちの表情を見ると真剣そのものである。3年生はゲーム的な要素を入れると，授業に熱中してくれる。

「先生，鳥の鳴き声が聞こえたよ！」

などと，感動している。この場所で休み時間に遊んでいるときには鳥の鳴き声を意識していなかったのだ。だから，意識して耳を傾けてみると鳥の鳴き声が聞こえたことに感動したのである。

◈関係付ける能力を引き出す

最後に，気付いたことを書かせていく。

フィールドビンゴのよいところは，さまざまな生き物を観察する中で，自然の中の生き物の様子を観察できることである。どういうところにどういう生き物がいるのかがわかる。

気付いたことを書かせると，必ず，「関係付けをした意見」が出る。「幼虫は，キャベツの上にいた。」，「運動場には，あまり生き物がいなかった。」，「草が多いところには，昆虫も多い。」などである。

こういった，環境と生き物を関係づけたような意見が出たら，取り上げて，ほめてやる。「関係付ける」というのは，4年生で習得すべき重点技能だ。「関係付けられた気付き」を取り上げ，ほめることができるのは教師しかいない。

　生き物は，周りの環境とかかわって生きているということに気付かせることができる。

第4～7時

生き物と環境の関係を調べる

🌿定期的に生き物や植物を観察しに行く

　身近な自然の観察は，1学期で終わりではない。夏や秋にも昆虫を見に行ったり，池や川の生き物を観察したりする。

　観察したあとに，ノートに気付いたことを書かせる。すると，植物が伸びてきたり，枯れてきたりしたことによって，生き物の数が変わったり，種類が変わったりということに気付く子が出てくる。生き物は周りの環境にかかわって生きているということが理解されるのである。

　観察に行くときに，なんらかの発問をすることも大切だ。

「今日は，虫が何を食べているのかを調べに行きます。」

「今日は，用水にどんな生き物がいるかを調べに行きます。」

「今日は，植物の種を探しに行きます。」

　このように，何に気付かせたいのかによって，課題を変えていくようにする。

　漠然とした観察をさせるのではなく，何かの視点をもたせたうえで観察させると，子供たちも観察に熱中する。

第8時

七草を見つけよう

🌿七草探しで観察技能を鍛える

　3学期の最初に春の七草を探しにいった。とったものを，おかゆに入れて食べる計画も立てた。学年全体で調理するのである。あらかじめ

校庭に七草があるかどうかをチェックしておいた。また，食べ物の安全性のため，七草をスーパーで買っておいた。

七草を見つけるためには，野草を「比べる」作業が必要になってくる。葉の形や色などを比べないと見分けがつかないような，似ている野草があるからだ。七草を探すという活動をしているうちに，知らず知らずのうちに，比べる技能が身についていく。

七草を探すためには，見るだけでなく，手触りなどでも確かめなくてはならない。今までの観察の技能を使えるかどうかがカギである。

七草探しを成功させる手順

写真を見せて，「七草を探しなさい。」と言っても，子供は右往左往するだけで，失敗する。目は自分が見たいものしか見えないという。正確に言えば，「自分の中にある情報を使ってでしか」ものが見えないそうである。

例えば，車の部品にあまり詳しくない人が，車用品店に行ったとする。車用品店に入ると，いろいろなパーツが置いてある。パーツの1つ1つについてきちんとした知識をもっていないと，店の中の景色は非常にごちゃごちゃして見える。何がなんだかわからないような状態になる。ところが，パーツの1つの機能を知り，また1つ知り……，という具合にパーツの知識が増えると，わけのわからないパーツの山だった景色が一変する。どこに何がどういう配置で置いてあるのか，お店の人の工夫までわかるようになる。目が肥えたのである。

七草探しをする前に，ある程度の情報の蓄積が絶対に必要である。七草の写真だけだと，情報が足りないのだ。

では，どうやって目が肥えるだけの情報を子供の中に蓄積すればよいのか。

①実物を見せる。

②写真や図鑑を持たせる。

③知識を活用しながら，自由に探させてみる。

④探しにくい七草もある。教えられて得た知識だけで探すのは限界がある。

⑤そこで，実地で「これがゴギョウだよ。」などと教えていく。

⑥目からうろこで，よくわかる。

⑦次々と，七草を発見していく。

　最後の段階では，習得した知識の活用が安定してできるような状態になっている。子供は，次々と七草を発見していくことができる。目が肥えるだけの情報を与えると，急にパッと見えてくるようになる感じである。

　最後につめの指導も大切である。冬になると，昆虫はいたかどうかを尋ねる。

「あれっ，そういえば，ほとんどいなかったな。」

　環境が変化することで，生き物の数が変化していることに気付くことができる。

Ⅱ 植物を育てよう

Ⅱ　植物を育てよう

　本単元では，習得した知識を活用する場面を設定している。

　活用する力を身につけさせるにはどうすればよいのか。まず，基礎的な知識を確実に習得させることが必要だ。そのうえで，知識を活用する力を養うようにする。

　例えば，まずは，「植物の体は，根・茎・葉からできている」という知識を確実に習得させるようにする。

　ホウセンカや百日草の実物を，1人に1つ用意することが鉄則だ。実物を見て，そのうえで，葉や根の手触りなどを確認させていく。虫眼鏡で観察することも行う。葉だけを拡大させて観察スケッチすることもある。ホウセンカと百日草の相違点や共通点も探していく。

　そうやってホウセンカと百日草の根・茎・葉の構造をさまざまな角度から調べていく。知識を確実に習得させるわけだ。

　そして，今度は，ほかの植物でも根・茎・葉があるのかどうかを確かめていく。この確かめの活動が知識の活用になる。習得させた知識を活用することで，活用の技能は向上していく。

　大切なのは，「知識を活用する場面」を用意し，「知識を活用して問題が解けたという体験」をさせることだ。知識を活用して問題が解けた経験があるから，子供は次も知識を活用しようとするのである。

　活用する場面を意図的に用意し，そのうえで，活用することによっての成功体験を保障する。授業で学んだ知識を活用して役に立ったという経験をさせることが大切なのである。

習得させたい知識

1 植物の育ち方には，一定の順序があること。

2 植物の体は，根・茎・葉からできていること。

習得させたい技能

1 観察した植物を絵や文で記録することができる。

2 いろいろな植物の体を比べて，違いや共通点をとらえることができる。

3 植物の育ち方や体のつくりへの自分なりの疑問をもつことができる。

4 虫眼鏡やルーペを使用して観察することができる。

5 種を正しい手順でまき，植物を世話し，育てることができる。

単元実施計画

時　間	学習内容と指導方法の重点
第1時	【習得】ルーペで種を観察しよう
第2時	【習得】視点をもって詳しく観察しよう
第3時	【習得】比べながら観察しよう
第4時	【探究】植物の体のつくりをさらに調べる
第5時	【活用】知識を活用して問題を解こう
第6時	【習得】花と実の観察
第7時	【習得】百日草の実を調べる
第8時	【探究】さまざまな植物の種と実を探しに行こう

ルーペで種を観察しよう

♥何の植物を育てるべきか

まずは,「種」の観察を行う。

育てる植物は2種類。「ホウセンカ」と「百日草」である。ただし,百日草は,少々やっかいな点がある。2学期には実の観察を行う。百日草は,種と実の区別がしにくいのだ。

種と実の区別をはっきりと示したかったら,「オクラ」がよい。教科書によっては,「ヒマワリ」や「マリーゴールド」,「フウセンカズラ」を植えるようになっている。

子供に何を教えたいかによって,植える植物を決めるとよい。

♥ルーペとの出会いを演出する

「ホウセンカ」と「百日草」の種を子供に1つずつ配った。

まずは,自分の目で観察。気付いたことをいくつか発表させた。そうしておいて,次はルーペを使っての観察である。

子供たちにとっては,初めての『ルーペ』との出会いである。少しもったいぶって渡す。

「とってもいいものがあるのです。これを使うと,人間の目には見えないような小さいものまで大きく見えるんです。」

子供たちは,「おっ,なんだなんだ?」という表情。身を乗り出している子が多数。

「虫眼鏡だ!」

という声があがった。

「これは『ルーペ』といいます。虫眼鏡と同じようなものですが,使い方がちょっと違います。3年生になると,ルーペを使って博士のようにいろいろと細かく観察するようになるんです。」

今からルーペを配ります。いろいろと試してごらんなさい。ただし机から離れてはいけません。

　子供たちは，席についたまま，いろいろなものを観察し始めた。消しゴムを見ている子。自分の手の指紋を見ている子。私を遠くから観察している子……。10分ほど自由にルーペを使わせた。

　その後，発見したことを発表してもらった。

「先生が反対に見える！」

「蛍光灯の光がまぶしく見える！」

「ピントが合わないとぼやけて見える！」

などの気付きが見られた。

　ルーペ（虫眼鏡）を使うと，遠くの景色は反対に見える。さらに，光を集めることができる。だから，太陽を見てはいけないのだ。「太陽を見ると目が焼けてしまう！」と言うと，子供たちはシ〜ンとなって聞いていた。

　そして，使い方を説明した。「ルーペ」は，目につけて物を見る。「虫眼鏡」は，虫などの見たいものにつける。ここがほんのちょっと違うところだ。「ルーペ」を目につけて，「種」を観察するように言った。もし，動かせないものを観察するときは，虫眼鏡と同じように，見たいものにルーペをつけて使えばよい。

「種がすごく大きく見える〜！」

と感動していた。

❤スケッチの仕方を教える

　スケッチの仕方もここで教えた。ルールはたった1つ。「ゆっくり1本の線で描くようにする」ということである。

1本の線でノロノロと描きなさい。

図工のラフスケッチのように，何本も薄い線を重ねていくのではなく，見たままゆっくりと1本の線で描いていくようにする。

ラフスケッチのように描くと，実は子供は観察の対象をほとんど見ないで描いてしまうのだ。1本の線と言っているので，対象を見ながら集中して描くことができるのである。

第2時

視点をもって詳しく観察しよう

♥世話と観察はこまめに自分でさせるようにする

毎朝，学校に来たら，ホウセンカと百日草の観察をさせるようにした。水やりを自分で行いながらである。

しばらく見ないと，いきなり大きくなっていたということがある。「金，土，日の3日でずいぶん変わってる！」と驚く子もいる。細かいことだが，世話は自分でさせるようにすることが大切だ。水をやる，雑草を抜く，あまり日が当たるようなら日陰に移動する，害虫が来たらとるようにする……，などやることは山ほどある。

世話をしていると，自分が育てている植物に愛着がわいてくる。それに，枯れ始めたときに，真っ先に気付くことができる利点も大きい。

ある年に，育てた植物が猛暑で全滅の危機にさらされたことがあった。その時に，いち早く「日陰に植物を避難させよう」と提案したのは，よく世話をしている子供たちであった。

害虫の駆除もしておかないと，葉が全部なくなったということが起きる。世話をしながら，観察も続けるとよい。

♥観察の視点を与える

だいぶ大きく成長してきたので，授業でいくつかの問題を出した。

28

> 種から芽が出ました。そのときの姿を思い出して絵に描きなさい。

これが，けっこう描けない。

黒板にふたばを書いて，このふたばを「子葉」と呼ぶのだと説明した。

> さて，しばらくたって，大きくなってきました。子葉のほかにも葉が
> 出てきました。上から見ると，どんなふうに葉がついているでしょう？

大きく分けて，次の2つの意見が出た。

重なって見えるというAと，たがいちがいに葉が出ているというB
である。

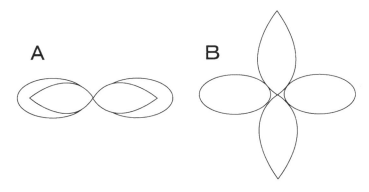

答えは実物で確認。最初に予想をすると，観察の意欲がわいてくる。

正解は，B。

「なぜ，Bのようにたがいちがいに葉がつくのでしょう？」

答えは，「太陽に当たりやすいから」である。葉が重なってしまうと，
太陽の光が当たらないので，葉が弱ってしまう。

残った時間に，スケッチをした。

第3時

比べながら観察しよう

♥間引いた植物で観察を行う

　第3時には，大きくなったホウセンカと百日草を比べさせた。もちろん，実物を観察しながらである。ルーペも全員分用意した。

　この日のために，種を余計にまいていた。

「間引きをします。自分の植木鉢から，1本抜いてきなさい。」

　外のベランダに大きなプラスチックケース（巨大な洗面器のようなもの）を用意した。そこで，土を洗い流させた。

「先生，ホウセンカの根がピンク色だ！」

「百日草の根は真っ白だ！」

などと，根を洗っているときに，すでに違いに気付く声が聞こえてきた。

　間引くのをどれにするか迷っている子を手伝ってあげた。

♥共通点の方が難しい

> ホウセンカと百日草を比べて＜違うこと＞をノートに箇条書きにしなさい。

　多い子供で，16個以上の違いを見つけることができた。

　　①根の色が違う。

　　②葉の形が違う。

　　③茎の色が違う。

　　④小さい毛のようなものがあるかないかが違う。

　　⑤葉の脈の多さが全然違う。

　発表の時にちょっとした工夫ができる。それは，実物投影機を使うことだ。発表の内容を目でも確認できるので，わかりやすい。

　「違い」のあとに，「共通点」を探してもらった。

> ホウセンカと百日草を比べて＜似ていること＞をノートに箇条書きに
> しなさい。

　違いよりも，共通点を探す方が難しい。
　　①子葉の形はどちらも丸い。
　　②たがいちがいに葉がついているのは同じ。
　　③根・茎・葉の３つがある。
　このようにまとめた。
　多い子供は，「違い」と「共通点」を合わせると，30 個以上の気付き
をノートに書いていた。

第４時

植物の体のつくりをさらに調べる

♥植物の体のつくりを予想する

　前回の学習で，『ホウセンカも百日草も根・茎・葉の３つがある』こ
とがわかった。そこで，ほかの植物にも＜根・茎・葉＞があるのかを
調べた。

> ほかの植物の体も，根・茎・葉の３つの部分がありますか。

　子供たちに予想してもらった。
　　①ほかの植物も，＜根・茎・葉＞がある。
　　②ほかの植物の中には，＜根・茎・葉＞のどれかがないものもある。
　　③その他の意見
　①と②で半々に分かれた。②の子供たちは次のように主張した。
「どう考えても茎がない植物が運動場に生えていた。」

31

♥植物を丸ごと採取させる

> 1人最低1つは植物をとってきましょう。

　こう言って，校庭に出た。

　5分ほど歩いただけで，いろいろな植物が見つかった。

　「どの植物にも＜根・茎・葉＞がある」と主張していた子は，それはもうはっきりと＜根・茎・葉＞があることがわかる植物をとってきていた。

　反対に，「＜根・茎・葉＞のどれかがないものもある」と考えた子は，おもしろい形の植物を集めてきていた。「茎」がない，ということでいちばん多く集まったのが，写真の植物。

　イネ科の植物「ハイキビ」という。雑草の代表格である。確かに，見た目は，緑色の葉と根だけがあるように見える。「茎はないのか？」という子供たちの反応。

　実は，この植物にも，茎はある。地下に埋まっていた，根のようなものが，茎である。つまり，茎が地面の『下』にあるのだ。よく見ると，茎からちゃんと根が出ているのがわかる。

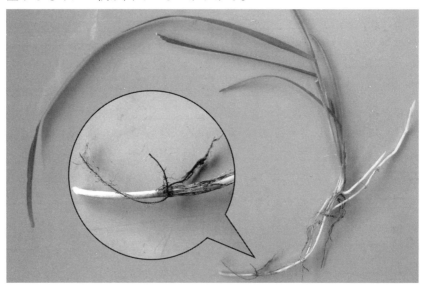

♥キノコは植物か

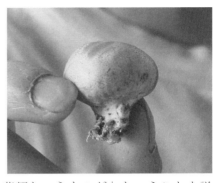

おもしろいものをとってきた
子供がいた。『キノコ』である。
「キノコに葉はないよ！」
「キノコに根はあるの？」
「キノコって，何なの〜？？」

確かに……，キノコには，葉
はない。

「キノコは植物の仲間ではなく，菌類というものだ」ということを説
明した。やんちゃな子がおもしろいものをとってくるから，発展的な
内容にまで踏み込むことができた。

第5時

知識を活用して問題を解こう

♥いかに実物を準備できるか

本時は活用の授業である。

前回学習した知識を活用する場面を設定する。そのために，「根・茎・
葉」が区別しにくい植物をもってきた。

　①大根
　②サボテン
　③タンポポ

どれも，根や葉があるものを用意した。やはり実物を用意するのが
大切である。

葉のついた大根はなかなか売っていない。しかし，農家に行けば畑
にあるものだ。特に，売り物にならない大根は，畑にほうっておかれ
ていることが多い。私は近所の人に頼んで，売り物にならない大根を
分けてもらった。

タンポポは空き地にたくさんある。土が軟らかい所のタンポポをと

33

るとすぐに根を引き抜ける。

　第5時は研究授業でもあったので，授業の発問と指示，子供の反応
をそのまま紹介する。

♥根拠となる「見分け方」を復習する

　ホウセンカの絵を配って指示した。

> 茎だけ『青』でぬってごらんなさい。

　3人に，前で発表してもらった。

　葉の根元までぬっていると「×」である。ここは茎ではない。葉の
一部である。根と葉の境界は，実物で確認するとよくわかる。色が変
わっているし，形や大きさで明らかに違うことがわかる。

> 葉は『緑』でぬりなさい。根は『赤』でぬります。

　見分けるためのポイントを，ノートに書かせていった。

　　①葉の根元は，葉の一部であること。

　　②茎はまん中に1本あることが多い。（ただし，枝分かれしている
　　　もの，茎が何本もあるものもある。）

　　③茎には，葉がついている。茎には，根もついている。つまり葉
　　　と根の中間が茎になる。

　活動をとおして，だんだんと見分ける＜目＞を養っていく。見分け
るためのポイントが，基礎的な知識となる。

♥いろいろな植物の体のつくりを見分ける

　さて，いよいよ「根・茎・葉」の区別をしていく。大根7本，サボ
テン10本，タンポポ15本，そしてルーペを人数分用意した。

> 茎は『青』，葉は『緑』，根は『赤』でぬってごらんなさい。

まずは，大根……。

「大根の茎ってどこだ？」

　茎は葉と根の間，というルールを考えると答えが見えてくる。大根の実物を見ながら考えさせた。班の友達と意見が違っている子供もいて，自然と議論が行われていた。友達と意見が違ってはじめて，真剣に大根を観察した子供もいる。よく見ると，葉の根元に太い茎がある。大根が今までの植物と違うのは，この太い茎がとても短いことだ。

　サボテンも意見が分かれた。一見すると，「葉がない？」「茎もどこかわからない？」。実は，サボテンは針が「葉」なのである。

　最後はタンポポ。大根の体のつくりを調べていたので，だんだん予想が的確になっていた。難しいタンポポの体のつくり。正解者はここでいっきに増えた。タンポポも大根と同じで，茎がとても短い。

　正解を告げると，

「いえーい！　やったぜ！」

「大根と同じように考えればわかる！」

などという声が聞こえた。

　ただし，タンポポの花の下の細長いのも茎の一種であることをつけ加えた。（花茎という。）

あと一歩のつめが知識の定着を図る

　大根は名前のとおり，見えているのは，ほとんどが根である。葉と根の間が「茎」である。その定義を活用できれば，答えは導かれてくる。

　ここであと一歩のつめを行う。茎が伸びた大根を提示するのである。茎が伸びた大根も農家の人に分けてもらっていた。

　「とうが立つ」という言葉がある。食べ盛りを過ぎた大根を指してこう呼ぶ。茎が伸びた大根は味が落ちるのだ

　ちなみに，「薹（とう）」はアブラナやフキなどの花茎のこと。キャベツ，ブロッコリー，大根，白菜，菜の花などはアブラナ科に入る。

　茎が伸びた大根を提示すると，子供たちは驚いていた。ちゃんと花も咲いている。学校に植えてあるキャベツも，そのまま収穫せずに育て続けると，茎が伸びてくることを教えた。後日キャベツ畑を確認すると，ちゃんと茎が伸びていた。ブロッコリーでも確認した。

　このように，あと一歩のつめをすることで印象深い知識へとつながる。

花と実の観察

♥観察前の動機づけが観察に集中させる原動力になる

　2学期最初の単元は,「花と実」の観察である。ホウセンカと百日草の花を観察した。

　観察前に, 動機づけを行った。

「みんな花が咲いているのを見ましたか。」

　ほとんどの子が「見た！」と元気よく答えた。

「じゃあ今からきくことは知っていますね。花びらは何枚ありましたか。」

　わからない子がほとんど。

「わかりませんか。では, 花のにおいはどんなにおいだった？」

　これもわからないと言う。そんなのやってみていないというわけである。

「では, 花のこな, 花粉はありましたか？」

「花の色は？」

「花は茎にどのようについていましたか？」

　花の色はわかるという。でも, いろいろと意見が出ていた。

「では, 今から観察をしに行きます。」

　こうして, 花の観察をしたわけである。

　ただし, すでに枯れていて実ができていると言う子もいたので, 実があったら観察するように言った。動機づけをしていたので, 子供たちは飛ぶように教室を出て, 観察することができた。

♥子供たちの混乱

　しかし, 思わぬところで, 混乱が生じた。

　1つめの混乱は, つぼみを実だと思っている子がいたことである。形がよく似ているので, 実だと思ったのだろう。

　いくつかとって中身を見るように指示。ホウセンカの実を割ると, 種が出てきた。つぼみを割ると, 花が出てきた。「実の中には種が入っ

つぼみ　　　　　　　　　　　　　　　　　　　実

ている。」この関係を子供はまずつかんだのである。

　混乱の２つめは，百日草の「実」が見あたらないことである。

　すでに花は枯れてしまっている。だが，「実」がない。ホウセンカの実は誰が見ても実だとわかる。ところが，百日草にはホウセンカのようにはっきりとした実が見あたらないのである。

　枯れた花の根元を指でほぐすと種は出てきた。ホウセンカも百日草も，花ができたあとに種ができることはわかった。しかし，百日草の「実」は見あたらない。

　これは問題である。教科書には，「実」を観察しようと書かれてあるのだ。「実」とは何を指すのか。

　こうした混乱は，「実」の意味が２つあることから生じるものである。「実」の意味を辞書で調べると次のように載っている。

　　①植物の果実

　　②植物の種子

　ふだん，子供が実と言った場合，果実の意味で使っているのである。実と種というように分けて考えているのだ。

　大きな疑問を残したまま，終業時間がきてしまった。

百日草の実を調べる

♥「実」の定義を確認する

次の時間に，百日草の実を調べた。

まず，実には2つの意味があることを教えた。果実を示す場合と，種を指す場合との2つである。ややこしいので，次の例を出しながら実と種の意味の区別を行った。

　　実＝りんご，スイカ，ぶどうのこと

　　種＝実の中に入っているもの

百日草の種はあった。だが，実がない。「花が咲いて……，枯れて終わり？」というような状態なのだ。

♥種はあっても実がない

百日草を分解してみると，種は出てきた。だから，百日草の花が咲いたあとに，種ができることは全員が納得した。でも，「実」がない！

リンゴやスイカにあたる実がない……。

これはどういうことなのか。教科書を見ても，なんと！　百日草だけ実の説明がない。今まで百日草を育ててきたのに，ガッカリする子供たち。

 →

そこで，図鑑で調べるように指示。調べてみると，答えはあった。

実は，百日草の実は，種にくっついているのである。正確には，実がかなり薄い状態なのだ。だから，種しかないように見えるのだが，本当は実が種にはりついていたのであった。

こうしてやっと疑問が解決した。もちろん，本当にそうなのかを実物で確認した。

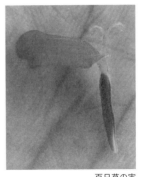

百日草の実

♥命のつながりはサイクル図で理解させる

残った時間で，「種」→「子葉」→「葉」→「花」→「実」→「種」のサイクル図を書いた。

「種」から始まって，「種」に戻る。つまり，命は続いているのだとまとめた。

第8時

さまざまな植物の種と実を探しに行こう

♥体験を大切にした発展学習

発展学習として，百日草とホウセンカ以外の実と種を探しに行く。

校庭には多くの植物が生えている。例えば，ヒマワリ，フウセンカズラ，オナモミ（くっつきむし），オクラ，ヘチマ，ゴーヤなどである。実と種がはっきり区別できるものから，種はあるけど実はないように見えるものまでさまざまである。

いろいろな植物を調べるから，知的好奇心がわいてくる。あとで調べられるように，教室に10冊ぐらい植物図鑑を置いていくようにする。

子供たちが驚いたのが，ススキの種である。あの種がなさそうなススキにも，ちゃんと種があるのだ。

植物は種を作ることによって，命が続くようにしているということが実感としてわかるのである。

Ⅲ チョウを育てよう

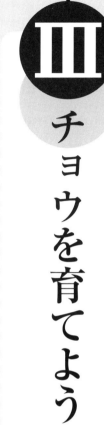

全部見せます
小3理科授業

Ⅲ　チョウを育てよう

　学習指導要領の３年生の目標の中に「生物を愛護する態度を育てる」という言葉がある。そして，理科という教科で生物を飼育するのは，この単元から始まる。本単元は「生物を愛護する態度」を育てることができるかどうかの，最初の分かれ目となる。

　「生物を愛護する」という究極の目的の前に，まずは，チョウの幼虫に抵抗なく触れられるようにしてやることが大切だ。「昆虫を触ることができる」というのは，極めて大切な技能である。３年生では，何度も昆虫を捕まえたり，触ったりという機会がある。最初は多くの子が，あお虫を見て，触りたくないと思っている。「なんだかこわい……。」「気持ち悪そう。」などと考えている。これが普通の反応である。だが，卵から育てることで，あお虫への抵抗はなくなっていく。それどころか，かわいくてしかたがないというような子が増えてくる。大切に，大切に，育てるようになっていく。卵から育てた幼虫が，さなぎとなり，モンシロチョウへと生まれ変わる時には，大きな感動に包まれる。あんなに小さかったあお虫が，大きく育ち，さなぎを経て，飛び立っていく。卵から育てるという過程を経てきた子供にだけに感じられる感動である。

　「生物を愛護する態度」を育てるためには，生き物の神秘に触れさせてやる体験が絶対に必要である。

習得させたい知識

1 昆虫の育ち方には「卵→幼虫→さなぎ→成虫」という一定の順序があること。
2 昆虫の成虫の体は，頭，胸，腹の三つの部分からできていること。
3 昆虫の成虫の体の特徴
　・頭には，目や触覚，口があること。
　・胸には3対6本の足があること。

習得させたい技能

1 観察した昆虫を絵や文で記録することができる。
2 昆虫の成長過程と体のつくりを比較することができる。
3 虫眼鏡やルーペを使用して観察することができる。
4 チョウの飼育に必要なものを準備して，世話をしながら育てることができる。
5 幼虫に抵抗なく触ることができる。
6 育ち方や体のつくりへの自分なりの疑問を表現することができる。

単元実施計画

時　間	学習内容と指導方法の重点
第1時	【習得】モンシロチョウの卵を観察する
第2時	【習得】卵から出てきた幼虫を観察する
第3〜4時	【習得】大きくなってきたあお虫を観察する
第5時	【習得】さなぎを観察する
第6時	【習得】成虫を観察する
第7時	【探究】発見された疑問を探究する
第8時	【活用】ノートにまとめる

チョウの卵を手に入れる方法

❖単元に入る前の準備物

　チョウを育てる学習では，まず，チョウの卵を人数分用意することが絶対の条件となる。最低でも1人に1個の卵。できれば，1人に3〜5個の卵を用意したい。

　もちろん，ケースも人数分用意する。弁当用透明フードパックのいちばん大きなサイズをホームセンターに買いに行けばよい。ふた付きの丸いパックである。10個セットになっていて，安く購入できる。ふたに呼吸のための穴をあければ完成である。パックの下には，水でぬらしたティッシュを置いておく。キャベツの水分を保つためだ。

　問題は，卵である。以前，100人分の子供の卵を用意したことがある。1クラス分ぐらいなら，学校にキャベツ畑を作っておいて，そのキャベツ畑で卵を探せばよい。だが，100個を超える卵を用意するなら，別の方法が必要になる。

❖チョウの卵をどうやって手に入れるのか

　チョウの卵をどのようにしてとってくればよいのか。

　私自身，試行錯誤のうえに，ようやっと卵を確実にとれると思える方法をいくつか見つけてきた。

　学級通信の文を引用する。少々長いが，卵の集め方や苦労の様子が伝わると思う。

　子供に「できたら白いチョウを捕まえてきてね。」と頼んでもよい。子供たちは休み中などに，チョウを捕まえてくる。その中に，1匹ぐらいは，卵をもつチョウがいるはずである。

　学校園のキャベツ畑で待ち伏せをしておく手もある。だが，効率は悪い。もっと広いキャベツ畑で待ち伏せをするのが，結局のところ早い。

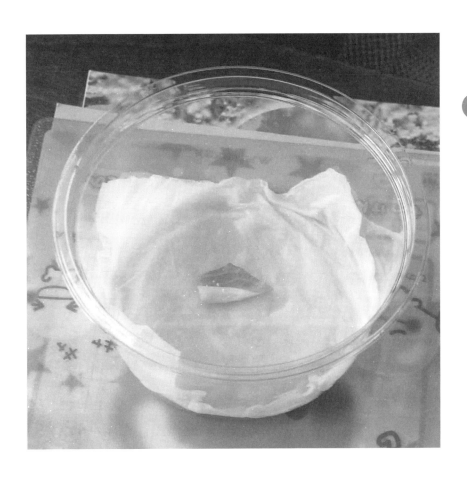

学級通信　チョウの卵奮闘記

　休みに入ってからチョウを捕りに行きました。1匹でも卵を産む
メスのチョウがいれば，たくさんの卵が手に入ります。

▼メスのチョウを探しに
　まず行ったのは赤磐市。
　1回目は4月に行きました。すると，ほとんどチョウは飛んでい
ませんでした。残念ながら諦めざるをえませんでした。

▼もう一度メスのチョウを探しに
　2回目に行ったのは，4月の終わり。このときはたくさんのチョ
ウが飛んでいました。たった1週間あいただけで，次々と幼虫が羽
化していたのです。この日は，5匹捕まえました。
　意気揚揚と帰ったのもつかのま……，よく見ると卵をもっている
チョウは1匹もいないではありませんか。卵をもっているチョウは，
『羽を広げて，おしりをチョンとあげるポーズ』をとります。『結婚
ポーズ』などと勝手に呼んでいますが，このポーズをとるチョウが
いなかったのです。

▼引き続きメスのチョウを探しに
　さらに，次の週に，もう一度チョウを捕りに行きました。今度は，
農家の人にお願いして，キャベツ畑まで入ってチョウを捕りました。
たくさん捕ればいいだろうと，10匹ほど捕まえました。すると，
いました！　いました！『結婚ポーズ』とっているチョウが2匹ほ
ど。しめしめ，と家路につきました。
　ところがです。その夜に，なんと2匹とも元気がなくなり，弱っ
てしまったのです。結局卵は産みませんでした。

▼まだまだメスのチョウを探しに
　さて，4度目の正直を目ざし，また赤磐市へ。ここで，家族の助
けを借りました。11か月の子と妻と3人で，必死になってチョウ
を捕り，見てみると……，「いません！」。

これは少し頭をつかわないとダメだと悟り，策を練りました。そして，場所を変えればいい，ということに気付きました。チョウはキャベツに卵を産みに来るのですから，キャベツがたくさんあるところで待ち伏せをしていればいいのです。

岡山県で広大なキャベツ畑があるところ。それは，私が以前いた笠岡にあります。笠岡湾干拓地です。

行ってみると，そこは別世界。なんとチョウの楽園のようになっているではありませんか。山ほどチョウが飛んでいるのです。これにはビックリしました。よく見ると，キャベツにおしりをくっつけているチョウがいます。これはと思って近づいてみると，卵を産んでいるではありませんか！

ここぞとばかり，虫捕り網を振る大男1人。やっと，やっと，卵を産める（産んでいた）チョウが手に入りました。それもなんと3匹も……！！

▼チョウの産卵

連休明けの今日（7日），朝子供たちに紹介しました。

チョウに卵を産ませるコツがあります。それは，「真っ暗な状態から，急に明るい状態にしてやる」ということです。

チョウを入れているかごにダンボールか何かで覆いをしておきます。そして朝になって急に，太陽の当たるところに移しました。すると，1時間ほどの間にたくさんの卵を産み始めたのです。

これには，子供たちも感動。でも，たぶんいちばん感動していたのは（ほっとしていたのは）私でしょう……。数を数えた子がいて，200個以上の卵がありました。生み立ての卵は，白っぽくてとってもきれい。A組もB組も，これで全員分卵が手に入ったことになります。

▼卵を産むチョウを捕まえる方法

そのへんを勢いよく飛んでいるチョウは，まずダメ。卵をもっていません。場所は，キャベツ畑。（幼虫が食べる植物のある場所。）『結婚ポーズ』をとるかどうかよく見てね。

ぜひ，いろいろなチョウを捕まえてください！

モンシロチョウの卵を観察する

❖教師の姿勢が子供の熱中を生む

　学級通信を発行してから，子供がチョウに興味をもち始めた。モンシロチョウにみんなが熱中しているといった感じになってきた。学校の畑でチョウの幼虫を探すチームが結成されていて，どんなに小さな幼虫でも捕まえてくる。すでに，10匹以上飼育している子もいる。まさにモンシロチョウフィーバーである。

　こうなると教師の仕事は驚くだけでいい。
「先生，へんなあお虫がいました。」
　　「ほほう！　これはイモムシだな。何になるんだろう？」
「先生，アゲハを捕まえました。」
　　「すごい！　大きい！　砂糖水をあげよう。」
「先生，アゲハの幼虫を捕まえました。」
　　「え〜！？　どこで〜！？」
「先生，シャクトリムシみたいなのもいます。」
　　「何か動きが違う〜！」
「先生，あお虫から黄色のまゆが生まれました！」
　　「うーん。これは何だろう？」
などなど。驚くことばかり。

　教師が何も教えずに，ただ驚き続けていると，必ず家で調べてくる子がいる。その子をしっかりとほめればよいのだ。

❖ルーペを使っての観察で大きくスケッチさせる

　第1時は，卵の観察から始めた。ルーペを使って観察していく。

　目で見た状態とルーペで見た状態がかなり違うので，子供たちも驚く。ノート1ページに，15マス四方の枠を書かせ，その枠いっぱいに卵を書かせた。

さらに，その四角の枠の下には，気付いたことを書かせる。「トウモロコシのようだ。」などと書かれていた。スケールを書かせることも忘れない。何ミリぐらいの卵なのかを書かせておく。小さすぎて測定できない時には，「ごまの半分くらいの大きさだ」などのように，ほかの物と比較させてもよい。

第2時

卵から出てきた幼虫を観察する

❖「先生，卵がつぶれています！」

第2時も，基本的には観察がメインである。

> 今日も観察をします。卵を探してごらん。

ところが，教室が大騒ぎになる。

「先生！　卵がありません！」

「あんなにたくさんもらった卵が1つもありません！！」

「なんだかつぶれたような跡だけが残っています。ひょっとしてキャベツがひっくり返って卵がつぶれたのかも……。」

などと口々に言っている。

実は，卵から幼虫が出てきたのである。

卵の色の黄色が濃くなってきたら，幼虫が生まれるのが間近であることを示している。教師は，だいたいの子のあお虫が生まれてきた頃を見はからって，観察の時間をとるようにすればよい。

❖慎重に観察しなさい

さて，生まれた幼虫を探すのがひと苦労である。生まれたばかりの幼虫は本当に小さい。

> 生まれたばかりの幼虫はかなり小さいです。つぶしてしまわないように，キャベツの裏側など，慎重にめくってみなさい。ルーペを使ってもかまいません。

　ただ，最初は，教師が見つけてやらないと，なかなか見つかりにくい。1匹でもいいので，見つけてやるとよい。

「やった！　いたいた！」

　誰かが見つけると，そこにみんなが集まってくる。

「これか〜。」

「小さいね！」

　幼虫の色が少々キャベツと違うので，一度見つける目をもったら，次からは簡単に見つかるようになる。

「よかった〜！　生まれていた〜！」

などと見つけた子は大喜び。どうしても見つからない子は，すでに見つけた友達に助けてもらうように言った。

　2時間目も，残りの時間で幼虫をスケッチした。容器の下に敷いてある湿らせたティッシュを，こまめに代えるように指示した。

第3〜4時

大きくなってきたあお虫を観察する

❖あお虫の観察は見る視点を与える

　教室は，ペット（あお虫）でいっぱいになった。アゲハの幼虫も捕まえて飼っている子がいる。イモムシやシャクトリムシのような動きをしている幼虫もいる。子供たちの目が肥えてきた。どんな幼虫でもたちどころに発見してしまう。

　第3時は，「あお虫の足は何本？」で盛り上がった。子供たちは必死になって観察していた。14本と16本のどちらかでもめた。正解は，やはり言わなかった。もっと大きく成長したらわかるかもと告げた。

これでさらに観察が続けられるだろう。最後は，教師が正解を言えばいい。

　わかりにくいのは，いちばん後ろの足のようなものも入るのかどうかである。

　答えは 16 本。いちばん後ろの足も入るのである。

　動機付けのために，口の形や，あお虫の内臓に目をつけさせてもよい。口の形は縦型なのか横型なのか。あお虫を透かしてみると，内臓が見える。

「へ〜，人間と同じだなあ。」

などと言って子供たちは喜んで観察を続けていた。

❖自分から追究する子供にするきっかけづくり

　5 月になって，だんだんと自分から追究する子が増えてきた。きっかけは，理科と社会である。

　理科では，「チョウを育てよう」で，たくさんの「？」が見つかったのだった。もちろん，「？」は，私が出すこともあった。また，私が苦労話を聞かせたこともあった。チョウのメスを捕まえようと思ったんだけど，オスとメスの違いがわからなくて困った話などである。

　さらに，子供が質問に来るたびに，（たとえ答えがわかっていても）大げさに「わからないなぁ〜。知りたいなぁ。」などと言い続けていた。不思議があると，大げさに驚いてみせた。そして，子供が不思議を発見するたびにほめていった。たくさんほめて，クラス全員に紹介した。

　「？」はノートに必ず書かせるようにした。書いておけば忘れても思い出せる。

　授業のたびに，「？」を調べてきた人を確認する。そうやって，子供が調べてくるのを待っていた。すると，ついに 1 人が調べてきた。図鑑で，チョウの成虫のオスとメスの違いを調べてきたのである。この子をほめまくった。学級通信でも紹介し，「自分から調べるという姿勢がすばらしい」などとほめた。

　すると，1 人また 1 人と，調べて日記などに書いてくるようになったのである。

さなぎを観察する

❖さなぎからチョウの体の部分を予想する

　さなぎの観察を行った。さなぎになると，だいぶチョウの形がはっきりとしてくる。チョウになる寸前では，羽や目が見えるようになる。「さなぎのどの部分がチョウのどこの部分になるのか」を予想した。「目」，「体」，「羽」など，見ればなんとなく確認できるさなぎもある。

❖さなぎが落ちてしまったら

　くっついていたさなぎが落ちてしまった子もいた。

　実は，この落ちたさなぎが重宝するのだ。落ちたさなぎは，木工用ボンドで紙にくっつけておけばよい。ボンドでしっかりと固定されていれば，無事にチョウが羽化してくる。

　ただし，すぐにボンドにつけるのはもったいない。せっかくさなぎの全身を確認できるのだ。スケッチする時には，さなぎの裏側も描くことができる。「さなぎの裏側はこんなふうになっているんだね！」と紹介してやればよい。

　あとで，ボンドでつけるときに，さなぎの表裏をまちがえないようにすることだ。まちがえてしまってもチョウは羽化してこられるが，反対側に出てくるので，失敗の可能性も高くなる。

成虫を観察する

❖同じ時期の卵から育てる利点

　「卵の観察」から始まって，ついに，チョウの観察までいった。

　全員同じ時期の卵なので，どの子のさなぎからも，同じ時期にチョ

ウが次々と誕生する。さなぎが2匹同時に羽化した，と言って喜んでいる子もいる。卵から手塩にかけて育てたのだ。どの子も，あお虫をわが子のようにかわいがっている。

チョウを観察して次のような発見が出た。

①羽に黒い丸の模様がある。

②羽にある黒い模様は，多いチョウもいれば，少ないチョウもいる。

③目は緑色みたいだ。

④頭のすぐ下に，毛がふさふさした体がある。毛の色は青色に見える。

⑤口はストローのようになっている。

⑥おしりのところが2つに分かれているチョウがいる。

⑦大きいチョウと小さいチョウがいる。

⑧足が6本ある。

⑨おしりに線が入っていて，模様のようになっている。

⑩羽は4枚ある。

❖疑問を発見した子供を取り上げる

すばらしいのは，いくつかの疑問が出たことである。

疑問1 さなぎの色が人によって違うのはなぜか。黒いケースに入れている人のさなぎは，全部黒っぽい色をしている。緑のケースに入れている人や透明ケースに入れている人のさなぎは，緑色とか，薄い白っぽい色をしている。

疑問2 大きいチョウと小さいチョウがいるのはなぜか。おしりが2つに分かれているのもいる。羽にある黒の模様が違う。

疑問3 あお虫の色が人によって違うのはなぜか。

発見された疑問を探究する

❖疑問を自分で解決する方法を教える

　疑問が出たら，できるだけ子供に追究させたい。追究する喜びを味わわせるためである。

　まずは，調べ方を教えた。昆虫図鑑で調べるのが基本であること。もしも図鑑に載っていないなら，インターネットで調べること。インターネットで調べるときには2つの方法があることも伝えた。

　1つ目は，キーワード検索。調べたい内容のキーワードを検索サイトに入力して調べていく方法。2つ目は，昆虫のことを詳しく書いてあるホームページをまず探し，そのホームページの中で，調べたい内容を探していく方法である。

❖家で調べた子を取り上げほめる

　授業の時間内では，わからない問題もあった。

　そこで，家に帰っておうちの人にもきいてみるように言った。すると，家族と協力しながら，問題をさっそく本で調べた人がいた。

　どうやら，大きくて黒っぽいほうがメスだということだ。そして，さなぎの色が違うのは，保護色のせいだということ。つまり，さなぎは周りの色に似た色になるのである。

　みんなでたくさんのあお虫を飼っていると，知らず知らずのうちに，人と自分のあお虫を比べることができている。3年生で大切にしてほしいのが，「比べる目」である。そのために実物は多ければ多いほどよい。

　家で調べてきた子は，しっかりとほめた。

ノートにまとめる

❖ノートに改めてまとめる作業が知識の活用の場面になる

　理科では，学習の終わりに，ノートまとめをさせている。ノート見開き２ページに，今まで学習した内容をまとめていくのである。

　子供たちは，最初「２ページもあるの〜。書けるかなぁ……。」と不安そうだった。ところが，始めてみると「２ページじゃあ足りーん。」「あっというまに終わったぁ。」という反応。それだけまとめる内容がいろいろあるという証拠である。

　今までの知識を総動員しながら，ノートに詳しくまとめていく。２ページでまとめるというのがポイントで，バランスよく，今までの学習を入れていくには，やはり，振り返りが必要なのだ。

　ノートまとめのポイントを話した。

　　①丁寧に書く

　　②詳しく書く

　　③絵や図をつけて書く。

　このほかにも，「自分の言葉で書く」，「学習したことをまんべんなく入れる」などのポイントがあるが，まずは３点に絞って指導した。

❖うっとりするノートに仕上げる

　どの子も教科書の文章を写すのではなく，自分の発見を自分の言葉でノートに書くことができていたので驚いた。やはり，準備に苦労した分，見返りも大きい。

　上手に書けている人のノートを，次のページに紹介する。

たまごからせいちゅうへ

1、たまご

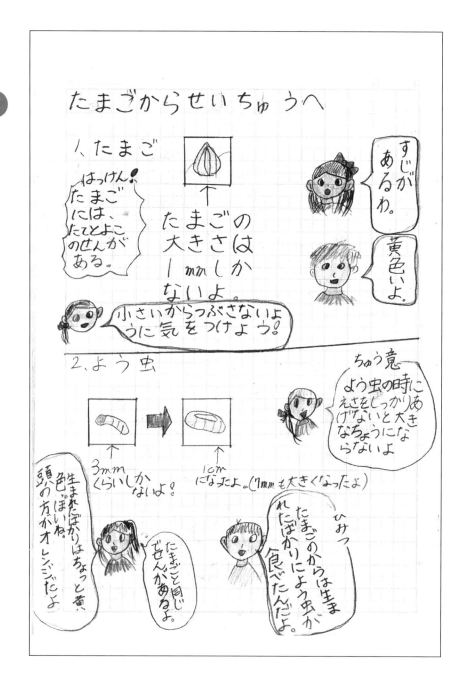

はっけん
たまごには、たてとよこのせんがある。

たまごの大きさ
たまごの大きさは1mmしかないよ。

すじがあるわ。

黄色いよ。

小さいからつぶさないように気をつけよう！

2、よう虫

ちゅう意
よう虫の時にえさをしっかりあげないと大きなちょうにならないよ

3mmくらいしかないよ！

10mになったよ。(7mmも大きくなったよ)

生まれたばかりはちょっと黄色っぽいね。頭の方がオレンジだよ

たまごと同じでせんがあるね。

ひみつ
たまごのからは生まれたばかりによう虫が食べたんだよ。

56

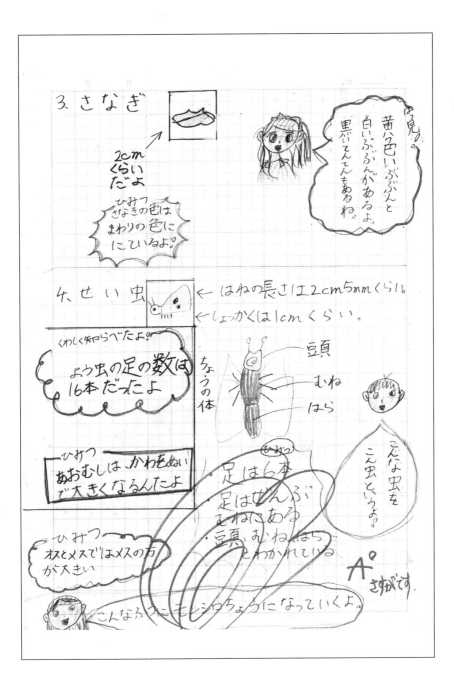

3、さなぎ

2cmくらいだよ

ひみつ
さなぎの色は
まわりの色に
にているよ。

よく見。。
黄八色いぶぶんと
白いぶぶんがあるよ。
黒いてんてんもあるね。

4、せい虫

← はねの長さは2cm5mmくらい。
← しょっかくは1cmくらい。

くわしく知らべたよ。
よう虫の足の数は
16本だったよ

ちょうの体

頭
むね
はら

ひみつ
あおむしは、かわをぬい
で大きくなるんたよ

ひみつ
・足は6本
・足はせんぶ
むねにある
・頭、むね、はら
とわかれている

こんな虫を
こん虫というよ。

ひみつ
オスとメスではメスの方
が大きい

A°
さすがです。

こんなふうにモンシロちょうになっていくよ。

Ⅳ 風やゴムの力の働き

全部見せます 小3 理科授業

Ⅳ　風やゴムの力の働き

　3年生で育てたい問題解決の力は，「問題を見いだす」力である。問題を見いだすには，学習の技能として，比較しながら疑問や調べたいことを見つけることができなくてはならない。

　ただし，問題を見つけるといっても，風やゴムの力の働きは，日常生活でも体験しているし，これまでの授業でも体験してきている。つまり，子供は「よく分かっている」と思っている。そのため，子供の「問題」が，拡散も発展もしないことが多い。さまざまな問題が出て，それを追究させるという授業は難しい。

　そこで，別のポイントを思い出したい。それは，「主体的に問題解決しようとする態度」を養うことである。これは，全学年で重視されていることである。「問題を見つける」ことを重視しつつ，「解決方法をさまざまに工夫させる」ことも，本単元では重視したい。そのほうが，授業も盛り上がるし，子供にとっても自然である。

　なお，エネルギーの学習では，「見方」として，「量的・関係的な視点で捉える」となっている。そのため，風やゴムの力の変化と，物の動き方の変化を「関係」づけさせながら，数値化するなど，「量的」に捉え，表などにまとめさせる活動を行いたい。

　ただし，「教師が定めた実験をしているだけ」だと，機械的な作業になりがちであり，つまらない授業になってしまう。そうならないためにも，試行錯誤の時間や，自分なりに問題解決させる場面を用意することが大切になる。

　なお，本単元は，エネルギーの捉え方にかかわる内容であり，第5学年「振り子の運動」の学習につながるものである。

習得させたい知識

1 風の力は，物を動かすことができ，風の力の大きさによって動き方が変わること。

2 ゴムの力は，物を動かすことができ，ゴムの力の大きさによって動き方が変わること。

習得させたい技能

1 風とゴムの力の働きを体験する中で，差異点や共通点を基にして，疑問や調べたいことを見つけることができる。

2 疑問や調べたいことを，自分なりの実験方法を考えて，定量的に確かめることができる。

3 実験の結果の予想をノートにまとめることができる。

4 風の強さやゴムの伸びなどと物の動きとの関係を表に整理することができる。

単元実施計画

時間	学習内容と指導方法の重点
第1時	【習得】風の力を体感する
第2時	【習得】風の力で動く車で遊ぶ
第3時	【活用】風の力で動く車を目的地まで運ぶ
第4時	【習得】風の力による動きの変化を測定する
第5時	【習得】ゴムの力を体感する
第6時	【活用】ゴムの力で車を目的地まで運ぶ
第7時	【活用】ゴムの力による動きの変化を測定する
第8時	【探究】風とゴムの力を利用した車を作る

風の力を体感する

🔊最初に体験の蓄積を図る

まずは，風の力を体感させたい。

体感させるには，遊びを取り入れるとよい。

> 風を利用して動かしている物，例えばどんな物がありますか。

風鈴や，たこ，風車など，さまざまな物が出てくるだろう。このような風を利用した物で遊ばせる。「空飛ぶ種」,「飛行機」,「パラシュート」などでもおもしろい。また，1枚の紙（習字の半紙）で，風で漂う物を作ることもできる。

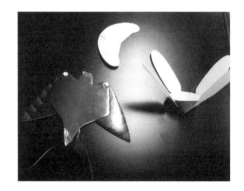

> 自由に風で物を動かしてごらんなさい。

自然体験の時間をたっぷりとりたい。

最後の5分で気付きをノートに書かせる。

> 「気付いたこと」や「ハテナ」,「もっと調べてみたいこと」があった人は，ノートに書いておきましょう。

風の力で動く車で遊ぶ

🌀風で動く車にするための帆を考えさせる

「車を持ってきました。」

タイヤがついただけの車を見せる。1人に1つ用意しておく。モーターも，帆も，プロペラも何もついていない。

> 車を風で動かしたいのですが，このままだと，車は動きません。
> 車に何をつけたらよいですか。

「帆」が正解である。

「帆の代わりに，いろんな種類のコップを持ってきました。このコップを帆にして風の力で車を動かしてほしいのです。」

車は，既製品である。普通は，帆も付属している。ただ，既製品の帆を使って動かすのは，工夫する余地がなく，おもしろくない。車の上にコップを置くという工夫を考えさせる。

ただコップを置くだけなのだが，さまざまな工夫が考えられる。例えば，縦に置いたらよいのか，それとも横なのか，どんな大きさ・重さの物がよいのかなど，さまざまである。大きさも形も違うコップを用意しておく。車は，タイヤが小さく，上に物を置きやすい形がよい。

> 好きなコップを選んで，車を風で動かせるようにします。

何個でも使ってよいことにする。

コップはセロテープで貼り，下じきやうちわで風を送って遊ばせる。まずは室内で確かめさせるのである。

⚘自然の風で動く車になるよう試行錯誤させる

> 今度は，自然の風だけで動かします。車を動かせるかな？

　外に出て，自然の風だけで確かめさせる。風がある程度強い日に行うとよい。それでもなかなか動かないからおもしろくなってくる。

　もちろん，風をたくさん受けられるようにしたほうが，より車は動くことができる。まずは，風と車の動きを関係付けたいために行う体験である。

　校庭のアスファルトの上などで，自由に遊ばせる。体育館でも窓を開ければ風が入ってくるのでおもしろい。1人に1つ，車を用意して自由に試行錯誤できるようにする。

　ただし，ペアの人と一緒に実験をさせる。ペアの人と相談できるようにすることで，次々と工夫が考えられるはずである。

　風は一定には吹いていない。強くなれば弱くなることもある。だから，風の強さや，風の受け方による車の動きの違いに気付くことができる。

> 気付いたことをノートに書きなさい。

　気付いたことは，共有させる。今度は4人班で共有させる。
「風の強さによって，進み具合が違う。」
「同じ風の強さでも，帆の形や大きさで進み具合が違う。」
「風をしっかりつかまえることができたら，車は動く。」
「風の力が強いほど，遠くまで車は動く。」
「たくさんコップを載せると，重たくて車は動かなくなる。」
「風の力が強くて，コップをうまく風をつかまえるようにしておくと，スピードが速くなる。」
　授業の最後に，指示をして終わる。
「ハテナやもっと調べてみたいことがあった人は，ノートに書いておきましょう。」

風の力で動く車を目的地まで運ぶ

≫風の強さを調整しながら試行錯誤させる

　ハテナやもっと調べてみたいことがあれば，それを問題として提示する。

　あまり拡散した「問題」は出ないと考えられる。「帆の大きさを変えるとどうなるのかな？」とか，「もっと別の帆を使ってみたい」，「風の強さを変えてみたい」といったものが出る。学習の流れに沿った「ハテナ」を問題として提示すればよい。

> 「風の強さを変えてみたらどうなるのか？」というハテナを出した人がいます。とてもいいハテナですね。
> 今日は，送風機を持ってきました。これで，ホールインワンゲームをします。車を目的地まで風で運んだらよいのです。

　帆は，既製品を使用する。

　風の強さを調節しながら，目的地まで車を運ばせる。これは先の活動とは少し異なっている。今度は，実験器具は統一して，実験方法（風の強さを変えること）で，試行錯誤させるわけである。

> どうやったらピッタリと目的地にたどり着けますか。
> コツはありますか。

　的あてのように，何重にも円を描いた図を用意する。点数も書いておくとよい。最初はゆっくりとやったほうがよいので，弱い風のほうがよい。つまり，風の強さを調整したほうがうまくいくことが多い。

　気付いたことを書かせ，発表させる。その後，もう一度実験を行わせる。

コツを共有させ，「もう一度」，実験の時間をとるのは，授業における大切なポイントの一つである。

風の力による動きの変化を測定する

表やグラフに整理する

「風の強さによって，車の動き方が変わりましたね。」

> 風の強さによって，車の動き方が変わることを，はっきりと確かめる方法はありませんか。

定量的な測定を促す発問である。

自分なりの方法をノートに書かせる時間をとる。書けた子から，ノートを持ってこさせる。教師は，一人一人の方法を確認していく。

ただし，小学校3年生では，実験方法を自分で考えることをあまり行ってきていない。そのため，いろいろな案を認めていく姿勢が大切になる。

例えば，「風の強さが変わると，スピードが変わるのを目で確かめる」といった方法は，よい方法とは言えない。だが，案を出せたこと自体を，しっかりと認めていくのである。さまざまな意見を認めていくと，「風の強さを変えて，動く距離を測る」といった模範解答が出てくるはずだ。

班で，送風機で風の強さを変えて，どれぐらいの距離進んだかを調べさせる。結果を，表やグラフなどに整理することが大切だ。「結果を整理」した表やグラフから，気付いたことを書かせていく。

ゴムの力を体感する

⚡ 「体感」が「測定」の先にくるべきである

「ゴムを利用して動かしている物，例えばどんな物がありますか。」

例えば，ゴム鉄砲や，パッチンカエルなどさまざまある。

ここでは，ゴムの力で飛ぶ飛行機を用意する。しっかりと遊ばせる時間をとる。こういう遊びの時間で，ゴムの力を体感できるだけでなく，さまざまな気付きが得られる。

ゴムを数種類，複数用意しておく。上に飛ばす飛行機なので，そんなに危険ではない。

飛行機はまず，空高く打ちあがる。いちばん上で，羽がぱっと開く。そして，風に乗って舞い降りてくるのである。

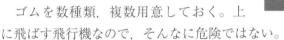

普通の小さなゴム1つを使って飛ばしましょう。

注意点は，横に飛ばさないこと。人にあたってしまうからだ。

最初に使った輪ゴムは，普通の小さなゴムである。小さなゴムは，力を入れないと高く飛ばない。だから，力を入れようとするのである。力を入れようとすると，ゴムの弾力をよく感じることができる。

⚡ 複数のゴムを使って試行錯誤させる

やっているうちに，もっと高く飛行機を飛ばしたくなるはずである。

「先生，ゴム2個でやってもいいですか。」

こんな声が子供からあがれば「しめたもの」である。

> いろいろなゴムを用意しました。3つまで使っていいです。

飛行機は，今までよりも劇的に高く舞い上がる。

このあたりから，ゴムの形を工夫する子も出てくる。ゴムの伸び縮みと，力の大きさを十分に体感させることができる。

最後の5分で気付きをノートに書かせる。

飛行機はパチンコの要領で打ち上げる。

「ワークシートでらくらく科学クラブ」（國眼厚志・高田昌慶・福井広和著，明治図書，2006）のp.15からの実践を参考に作成した。中学年でも安全に使えるように，ゴムをとめるフックをできるだけ安全なものを使用するなどの工夫が必要である。

羽はスチレンボードでつくってある。横に飛ばすと人にぶつかって危ないので，上に打ち上げるように飛ばす。

3年生の子どもでも簡単につくることができる。ゴムを止めるところがとれると危険なので，しっかりと固定しておく。

#16輪ゴム（普通の小さな輪ゴム）1個だと，1mぐらい打ちあがる。輪ゴムを3つつなぐと，5m，#470輪ゴム（特大で太い輪ゴム）だと，10mほど打ちあがる。

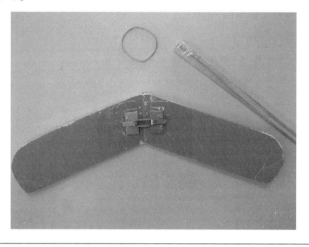

ゴムの力で車を目的地まで運ぶ

◆ よく飛んだ工夫を紹介させる

授業の最初に，遠くに飛ばす工夫を紹介した。

> どうしたら，飛行機がよく飛びましたか。ノートに書きなさい。

①ゴムを3重にすればよく飛ぶ。

②ゴムを3つつなげてたくさん伸びるようにすれば飛ぶ。

③太いゴムだと，引っ張るのに力がいる分，よく飛ぶ。

◆ 車に置き換えて試行錯誤させる

ゴムの力で動く車を用意する。引っ張って動かす車と，ねじってプロペラで動かす車である。

引っ張って動かす車は，分かりやすい。ゴムの力を自分の手で体感できるからである。一方，ねじってプロペラが生み出す風の力で動かす車は，風の要素が入るので，少しややこしい。

ここでは，パチンコタイプのゴムをはじいて動かす車を用意した。

> ゴムをはじいて車を動かします。ゴムはいろいろと用意しました。
> 好きなゴムを選んで車を動かしてごらんなさい。

まずは1種類のゴムを選んで，車を動かす遊びをする。

大きさや強度の違う物を用意する。「太いゴム」，「細いゴム」，「長いゴム」などを用意する。

> いろんなゴムがあります。ゴムを複数使ってかまいません。

これも試行錯誤の時間をしっかりととる。

最初は，子供たちは「速く・遠くまで」動かしたいと思ってやることだろう。それを試すためには，体育館など，広い場所でやるのがポイントになる。

自由に思いきり動かす遊びをやった後で，指示する。

> ゴムの力を使って，ホールインワンゲームをします。車を目的地まで運んだらよいのです。

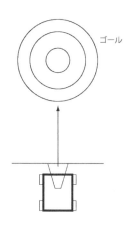

ゴール

風の力と同じように，的を用意して，そこに運ばせる。

的の距離をいろいろと変えるとおもしろい。ゴムの力を調整しないとホールインワンにはならない。

授業の最後に，指示をして終わる。

> この授業で分かったことや気付いたことをノートに書きなさい。

ゴムの戻ろうとする力の大きさと，車の動き方が関係している気付きが出てくるはずである。

第7時

ゴムの力による動きの変化を測定する

◆実験方法を考えさせる

> ゴムの力を変えると，車の動き方も変わることを，はっきりと確かめたいと思います。どうやったら確かめられますか。

風の力と同じように，実験方法を考えさせる。風の力で行った実験方法を，そのまま活用できる。

　実験方法をノートに書かせて，持ってこさせる。

「ゴムを何cmだけ伸ばすと，何cmだけ車が移動した。」

「ゴムの本数を何本使うと，何cmだけ車が移動した。」

　こうした，定量的に測定する方法が出るはずである。

　いちばんほめたいのは，「条件統一」を考えている子である。

「同じゴムで確かめないといけないな。」

「本数を変えるときは，引っ張る長さを同じにしないといけないな。」

　このような気付きをしている子を取り上げて，全体の場でほめていきたい。

　各班で，実験させていく。結果は，表やグラフなどに整理させる。そして表やグラフを見て気付いたことを書かせる。「ゴムを引っぱる手ごたえが大きいほど，物を遠くに動かすことができる」といった結論が出るはずである。

第8時

風とゴムの力を利用した車を作る

学びを反映した車作り

　最後に発展問題を出す。

> これまでの学習を生かして，風とゴムの力を利用した車を自分なりに作ってみましょう。

　ここでは，ゴムを撒いて動かすプロペラや，風車など，さまざまな教材を用意して，利用してよいことにする。

　速く動く車や，遠くまで動く車など，さまざまな目的で車を作るはずである。目的はさまざまあってよい。

71

V

昆虫を調べよう

全部見せます

小3理科授業

V　昆虫を調べよう

　昆虫に興味をもたせるには，昆虫の実物に触れる経験が絶対に必要である。私は親戚や友人・知人にカブトムシやクワガタムシをもらってくるようにしている。探せば意外と身近に，クワガタの飼育をしている人が見つかるものだ。

　人の力を借りるというのは，理科ではけっこう重要である。物を用意するときに，さまざまな人のお世話になることが多い。大根の体のつくりを学習した時には，近所の農家から畑でいらなくなった大根をいただいた。また，化石をもらったこともある。庭石として化石が出る石を置いている人がいたので，「小学校で使いたいのだけれど。」と申し出ると，快諾してくれた。

　このようにしてもらってきたオオクワガタやノコギリクワガタなどを，教室に置いておく。

　1箱に1匹飼うと長生きする。オスとメスを別々にしておく。15cm四方の小さなケースに，昆虫マット（木くず）を入れておくだけでよい。食べ物は，昆虫ゼリーをときどき換えてやるだけでいいので簡単である。クワガタムシは，冬も越せる。

　子供たちは休み時間になると，クワガタムシと遊ぶようになる。やんちゃな男の子が遊んでいるのを見て，女の子も勇気を出して触る姿が見られるようになる。

　実物に触れる中で，昆虫が好きになる子が増えていく。

　カブトムシやクワガタムシの幼虫は，学校でも飼育している。飼育といっても，腐葉土に幼虫を入れているだけなのだが，これが重宝している。代々，3年生を担任する教師に受け継がれている。幼虫の観察や，さなぎの観察をすることができる。

習得させたい知識

1 昆虫は，植物を食べたり，すみかにしたりするなどして，その周辺の環境とかかわって生きていること。

2 昆虫の成虫の体は，頭，胸，腹の三つの部分からできていること。

3 昆虫の成虫の体の特徴

・頭には，目や触覚，口があること。

・胸には3対6本の足があること。

・羽のついているものがいること。

・腹はいくつかの節からできていること。

4 昆虫の育ち方には，「卵→幼虫→さなぎ→成虫」の順に育つものと，「卵→幼虫→成虫」の順に育つものがいること。

習得させたい技能

1 観察した昆虫を絵や文で記録することができる。

2 虫眼鏡やルーペを使用して観察することができる。

3 いろいろな昆虫の成長や体を比べて，違いや共通点を探すことができる。

4 昆虫の成長過程や体のつくりに関する疑問を表現できる。

5 昆虫を飼育することができる。

6 昆虫を捕まえることができる。

7 昆虫の不思議を，図書やインターネットを活用して調べることができる。

単元実施計画

時　間	学習内容と指導方法の重点
第1時	【習得】昆虫を捕りに行く
第2時	【活用】昆虫がたくさんいる所に捕りに行く
第3時	【習得】昆虫のすみかと食べ物の関係を考える
第4時	【活用】昆虫はどのように成長していくのか
第5時	【習得】体の色や形が種類によって違うことを知る
第6～7時	【探究】さまざまな昆虫について調べる

虫を好きと言わせる方法

◆ライトトラップで昆虫観察

　昆虫の授業をするにあたり気をつけることがある。それは,「子供を昆虫嫌いにしない」ということだ。無理に触らせるなどもってのほかである。教師が「あお虫ってかわいいよね〜。」などと触っている姿を見せるようにする。すると,自然に子供も触るようになるのだ。

　かくいう私にも,苦手な昆虫はいた。それは「蛾」である。昔から,蛾が飛んでくるだけで,人一倍大きな声をあげて逃げていた。ところが,これが一変するできごとがあった。

　大学院時代,アルバイトで博物館に勤めていたときである。昆虫の標本整理が私の主な役目だった。あるとき,博物館の学芸員の先生が,「これから虫を捕りにいかないか。」と誘ってきた。昆虫の数を増やすために,夏になると昆虫採集に行くことがあるのだという。「ぜひ,大前さんにも昆虫の捕り方を見せたい。」と言われるのでご好意に甘えることにした。

　その時に使った方法は,「ライトトラップ」と呼ばれるものだった。白い布に光を当てておいて,昆虫が集まるのを待つというしかけである。虫が集まるまで,2人で食事をしながら語り合っていた。星空のきれいな夜であった。

　1時間後,私の想像よりも,もっともっと多くの虫が集まった。白い布が黒くなるほど,虫で埋めつくされた。中には,ミヤマクワガタやカミキリなど,子供に人気の虫もたくさん来た。セミの幼虫まで土からはい出してきた。動いているセミの幼虫を見るのは,これが初めてだった。

　そして,私の苦手とする蛾もおおぜいやってきた。

　ところが,学芸員の先生は,「めずらしい蛾だなあ」と言って,蛾を持って観察し始めたのである。私は少し離れて見ていたのだが,学芸

員の先生があまりに珍しそうに蛾を見ているので，私も近くに寄って
みた。こんなに目の前で蛾を見るのはもちろん初めてだった。数多く
の蛾が来ても，先生は意に介していない。頭にとまろうが，体にたく
さんくっつこうが，平気な顔をしている。

　この先生の姿を見て，初めて私も蛾が怖くなくなったのである。

　３年生にライトトラップをすることになったとき，私が絶対にやり
たいと思ったのは，「平然としていること」だった。虫が多量に来ても
教師が平然としていれば，子供もだんだんと虫が怖くなくなってくる。
そもそも，怖いというのは，大人が怖がっているのを見て，自分も怖
がっていることが多いのだ。

　新卒で３年生相手に行ったライトトラップは，大好評だった。保護者
も子供も私も，体じゅう虫だらけになりながら，楽しく虫を観察できた
のである。３年生の思い出のナンバーワンに選ぶ子供も多かった。

第１時

昆虫を捕りに行く

❖昆虫の知恵に気付かせる布石としての体験がいる

　最初に学習するのは，「虫のすみか」である。「どんなところに虫が
いるのか」を調べるために，昆虫採集を行う。次に，「昆虫の生活」や「体
のつくり」，「成長の様子」を調べていく。

　昆虫を捕まえるという体験を大切にしたい。昆虫は，そう簡単には
捕まらないのだ。探しに行っても，どこにいるかもわからないという
子もいる。それでいい。昆虫も擬態などを使って必死に隠れているのだ。

　「昆虫がなかなか見つからない」という経験をしたほうがよいのであ
る。

❖導入で昆虫の定義を確認する

　昆虫の定義は，チョウを育てるときに教えてある。

> 今日は昆虫を捕まえに行きます。

「今までに昆虫を捕まえたことがある人？」
と尋ねた。多くの子が手を上げた。
「どんな昆虫を捕まえましたか？」
　バッタ，コメツキムシ，カメムシ，カブトムシ，カナブン，タマムシなどさまざまなものが出た。ダンゴムシやクモなどの意見も出たが，昆虫ではないという反応が出て，昆虫の定義の確認になった。10人ぐらいに発表してもらった。昆虫に詳しくない子は，「そういえばこんな昆虫もいたなあ。」と思い出すことができた。

❖昆虫採集のためのルールをつくる

> 今から校庭をぐるっと回ります。虫を捕まえましょう。ただし，チョウは以前観察したので，チョウ以外とします。

　チョウ以外としておかないと，チョウばかりに目がいってしまうためである。空を飛ぶ昆虫ばかりに目がいくと，地面をはっている小さな虫を見つけることはできない。
　虫捕り網を2人に1つ持たせた。虫かごも2人に1つである。「どうしても昆虫が見つからない人は，アリを捕まえましょう。」と助言をしておいた。アリも立派な昆虫である。
　ノートには，「昆虫の名前」と「昆虫のいた場所」を書くように言った。ただし，昆虫採集の最中は，ノートを持ってきてはいない。昆虫採集が終わって教室に帰った時に，ノートに書くわけである。だから，ペアで協力して，記憶しておかなくてはならなくなる。
　名前がわからない昆虫は，昆虫図鑑で調べるように言った。図鑑は

図書室で借りておいて，あらかじめ教室に用意しておくのがポイントである。できれば2人で1冊は欲しいところだ。

✤場所による昆虫の数の違いに気付かせる

校庭に出た子供たちは，さっそく虫を探し始めた。

おもしろいことに，網を持っている子は上ばかり見ている。飛ぶ昆虫を捕まえようとしているのだ。だが，そう簡単に飛んでいる昆虫には出会えない。特に子供たちはカマキリやバッタ，カナブンなどを探しているのである。植物の少ない学校の校庭では，あまり出会えない。

網を持っていない子は地面を見ている。地面を歩いている虫はアリ以外にもけっこういるのである。草むらになると，バッタがいることもわかる。

運動場にはほとんど虫がいないこともわかる。場所によって，虫の数がかなり異なることに気付かせることができる。30人のクラスで，アリ以外の虫を発見できた人はわずか10人。学校には虫があまりいないことが判明した。（もちろん季節や天候のせいもある。）

教室に帰って，見つけた昆虫の「名前」と「場所」を書くように指示。授業の最後に，「ほとんど虫がいなかったねぇ。明日は別のところに行こうかなぁ。」などと告げる。「よし！　次こそがんばるぞ！」とやんちゃな子がはりきっている。

捕まえられないというのも1つの経験なのである。本当は，昆虫がけっこういたのだ。ところが探す場所の虫の数が少ないのと，昆虫を見つける目が養われていないのとで，あれども見えずの状態になってしまっているのである。しかし，この見つけられなくて悔しいというのが，1つの伏線なのである。次の時間は，もっと昆虫が多い所に行くからである。

昆虫がたくさんいる所に捕りに行く

◆昆虫好きを増やすために

　虫の少ない所で虫を見つけるには，プロの技が必要である。博物館の先生はすごい。一見虫がいないような場所からも見つけ出すことができる。保護色を利用している昆虫や，擬態を使っている昆虫などをあらかじめ知っているうえに，昆虫のすみかも見破ることができるためだ。

　子供の場合，たとえ目の前に昆虫がいたとしても素通りしてしまっている。本当に，目の前の昆虫に気付かないのである。

　学校に多かった昆虫を確認した。いちばん目についたのは，アリであった。ほかには，ハチ，アメンボ，バッタ，ゴミムシのような黒い小さな虫，小さなクワガタのような虫などを捕まえた。

　虫を捕まえた人はヒーローになっている。私はというと，虫を捕まえた子に，「すごいすごい！　触らせて～！」と言ってまわった。虫が嫌いな子もいる。教師が率先して触ったり，「かわいいなあ～」などと言ったりしていると，だんだんとほかの子も興味をもちだすものなのだ。

　ちなみに，虫など触ったこともなく捕ったこともないような子には，私がそっと虫のいる場所を教えてあげたので，ちゃんと捕まえることができていた。特に，カマキリやハナムグリなど，数が少ない虫を捕まえた人に尊敬のまなざしが送られていた。

◆2回目は全員が捕まえられる所へ行く

　さて，2回目の昆虫採集は近くの公園に行くことにした。公園といっても，大半は草むらで，木もたくさん植えられている。校庭に比べ，はるかに自然が豊かな場所なのだ。

　公園は，学校とはいろいろな意味で違っていた。

　まず，虫の数が多いこと。草むらがあるので，バッタがたくさんい
た。しかも，大きいバッタが多い。トノサマバッタを捕まえた子がいて，
ヒーローになっていた。

　虫の種類も違っていた。花がたくさん咲いていて，そこにいたハナ
ムグリを捕まえた子が多かった。虫を捕まえる時間をたっぷりととっ
て2時間目は終了。

◆❀休み時間も昆虫採集を奨励する

　直後の休み時間に，学校の校庭で虫を捕まえるチームが結成され，
何人かは大物を捕まえていた。

　特に大物だったのが，「タマムシ」である。背中の色がとても美しい
虫で，虹のような光を放っている。子供たちもこんなきれいな虫がい
ることにビックリ，ウットリ。

　木を揺らすと落ちてきたといううわさはあっというまに広がった。
わがクラスの子は，校庭の木という木を揺らしてまわっていた。

昆虫のすみかと食べ物の関係を考える

❖昆虫のスケッチのさせ方

さて，虫を捕まえたあとに，好きな虫のスケッチを行った。昆虫の
スケッチで気をつけることは2つある。

1つは，大きく描くこと。小さな虫のそのままの大きさで描く子が多
い。ルーペを持たせ，細かいところまで観察するように指示。

V

昆虫を調べよう

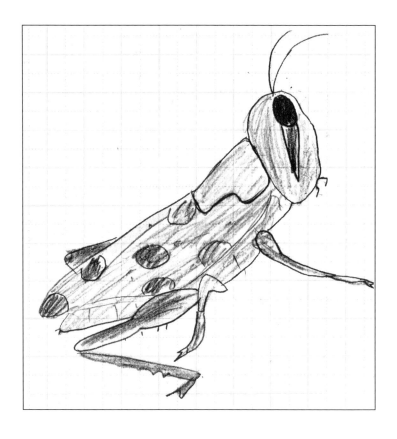

2つ目は，1本の線でゆっくりと描くこと。図工のラフスケッチのようには描かない。対象を見ながら1本の線でゆっくりと描かせる。芸術性よりも，正確性を重視している。ラフスケッチのように描くと，なんとなくうまい絵だが細部は異なる，という場合が多くなる。

　念のため，私がお手本を簡単に黒板に描いた。できない子は，黒板の絵を参考にしながら描き進めていた。

　「余裕がある人は，ある部分だけを拡大して書いてごらん。」と指示。これで早く終わった子にも空白の時間は生まれない。目だけを拡大して描いている子がいて，たいへん上手だとほめた。

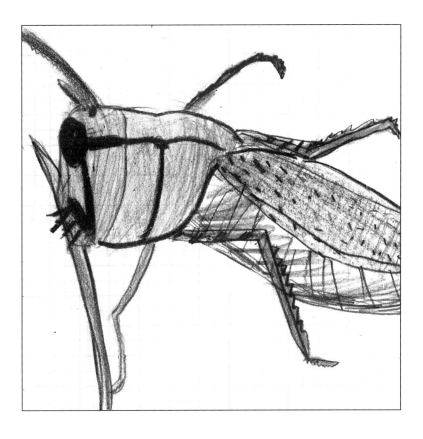

👆昆虫と捕まえた場所との関係を考察する

スケッチは30分で終えた。残りの時間で，昆虫採集のまとめを行った。

> 捕まえた昆虫の「名前」と捕まえた「場所」をノートに書きなさい。

書けた子から，黒板に書かせていった。

カミキリ → 木

ハナムグリ → 花

トノサマバッタ → 草むら

タマムシ → 木の葉

> 昆虫と捕まえた場所とを見て，気付いたことをノートに書きなさい。

資料の解釈である。

昆虫と捕まえた場所との関係に何か意味はあるのか。

すみかは，昆虫の食べ物に関係している。さらに，すみかは昆虫の隠れ場所にもなっていることに子供たちは気付くことができた。

第4時

昆虫はどのように成長していくのか

👆成長の様子は実物を見ながら確認する

第4時には，昆虫の成長の仕方を確認した。チョウの成長の様子と比べるのである。

子供が2日間でたくさんのバッタを捕まえていたので，バッタの成長順を扱うことができた。すなわち，トノサマバッタの小さい幼虫と大きい幼虫と成虫がそろっているわけである。これもノートにまとめ，チョウの成長とは異なり，さなぎにはならないとまとめた。

実物があるとよくわかる。手にトノサマバッタを載せながら説明を

していった。トノサマバッタの幼虫と成虫との違いは羽の大きさであることがよくわかった。

　実際に昆虫を飼っているので，さまざまなことが勉強になっている。休み時間に昆虫を捕まえるのがブームである。中でもタマムシが人気で，色鮮やかなものから黒っぽいものまでいろいろいる。もちろん捕まえた子はヒーローである。カイコも教室で飼っている。さらに，トノサマバッタはたくさんいるので，交尾するものも出てきて，勉強になった。上に乗っている小さなほうがオスなのかなと子供たちもよく観察していた。

　図書の時間には，昆虫図鑑を読む子がかなり多くなってきた。もちろん，授業で昆虫の本を紹介したせいもある。また，授業で全部教えているわけではなく，「ほかにもさなぎにならない昆虫はいるかな？」どとオープンエンドで終わることが多いためでもある。興味をもたせれば，教科書の内容の何倍も子供たちは学習できるのである。

❀オープンエンドが子供の知的好奇心を呼び覚ます

　休みの日に昆虫採集に行った子もいて，次のような昆虫を持ってきてくれた。

　　①カイコ
　　②ナナフシ
　　③タマムシ
　　④カブトムシ
　　⑤シロスジカミキリ
　　⑥ゴマダラカミキリ

　驚いたのは，カイコ。成虫があんなに小さいなんて初めて知った。小さなまゆから，かわいらしい成虫が出てきたのである。成虫は，すぐに卵を産んで死んでしまった。短い命だったが，卵を残して，次の命につないでいるのだねと話した。

　ほかにも，子供たちはいろいろな虫を発見して育てている。

　ホウセンカを育ててしばらくした頃。葉に何かの幼虫がついている

のを子供が発見した。さっそく図鑑で調べる子供たち。セスジスズメの幼虫であることがわかった。この幼虫，かなりの大飯食らいである。最初は，2cmぐらいの大きさしかなかった。ところが，数日たつと，ホウセンカの葉を食べつくして大きくなり，5cmぐらいの大きさにまでなった。エサとなるホウセンカの葉が足りなくて困ったほどであった。ホウセンカの種をたくさん植えたので，余っているホウセンカの葉をあげて育てることにした。一見グロテスクな幼虫でも，昆虫に慣れた子にとっては意外とかわいらしい姿に見えるのであろう。一生懸命に育てていた。

　子供たちは，チョウを育てたときに習得した飼育方法や，昆虫を捕まえる時に学んだ捕獲方法などを活用しながら，さらに多くの昆虫を育てることができていた。

第5時

体の色や形が種類によって違うことを知る

❖ てんとう虫から擬態を学ぶ

　昆虫にはさまざまな種類がいることを知る授業である。

　身近なてんとう虫を扱うことにした。春に，てんとう虫の卵を見つけて，育てていたのである。てんとう虫の卵は，自然探検をすると，すぐに見つかる。黄色の卵で，石の陰などに大量に産みつけられている。

　まず，てんとう虫にいろいろな種類があることを教えた。
「てんとう虫にはさまざまな種類があります。」
　こういって，てんとう虫の写真を示した。
　まずは，育ててきたナナホシテントウの写真を示した。
「7つ星があるから，七星てんとうと呼ばれます。」
と説明。次に示したのは，トホシテントウ。
「名前がわかりますか。」

こういうと，賢い子が星を数え始めた。

「10 の星があるから，十星てんとうになったのです。それでは，次のはわかるかな？」

　こう言って，ニジュウヤホシテントウの写真を示した。

「うわ～，これは多い！」

　必死で数を数える子供たち。星は，「28 星」ある。名前も「二十八星てんとう」である。

　さらに，いくつか別の種類のてんとう虫の写真を示した。ここから，変化をつけるためである。カメノコテントウとキイロテントウを示した。亀の甲羅の模様に似ているので，「亀の子てんとう」という和名がつけられている。キイロテントウは，羽が黄色なので，「黄色てんとう」である。

> てんとう虫の羽には，鮮やかな模様がついています。これは何のためですか。予想してノートに書きなさい。

　子供に考えさせたが，なかなか難しかったようである。答えは，「食べてもおいしくないですよ」と相手に伝えるためなのだ。

　自然界では，鮮やかな色をもつ昆虫は，毒をもっているものが多い。てんとう虫やハムシ，ホタルなどの仲間は，体内に毒性分をもっている。だから，鳥などに対して「食べてもまずいよ」ということをアピールしているわけである。

　ちなみに，てんとう虫は，食性によって 3 種類に分けられる。菌類を食べるもの。植物を食べるもの。そしてアブラムシなどを食べる肉食のものである。だから，探す時にも，場所によっててんとう虫の種類が違ってくるのだ。

　ここで，昆虫の擬態についても教えた。

「この虫はてんとう虫でしょうか。」

　ハムシの写真を示した。てんとう虫そっくりである。

「てんとう虫にそっくりな虫がいます。これは，てんとう虫のまねを

して，おいしくないですよ，というアピールをしているのです。」

　鳥を使った実験で，鳥はおいしくない昆虫に似ているものは捕獲を避ける傾向があることがわかっている。毒をもつ昆虫に似ることで，身の安全を図ろうとしている昆虫がいるのだ。

　ここから，擬態している昆虫をいくつか紹介した。羽が目玉模様になっていて，威嚇する昆虫。体が周りの景色と同化している昆虫。特に，周りの景色と完全に同化している昆虫を見つけるのに子供は熱中していた。

第6～7時

さまざまな昆虫について調べる

❖発展学習で調べたことを発表させる

　最後に，発展学習として，自分が調べたい昆虫のことを調べさせた。調べたことは，1人1分にまとめて発表させた。画用紙に絵を描いて示したり，クイズとして出題したりと，楽しく発表することができた。

　子供が調べたのは，例えば次のようなことである。

　　①昆虫の名前の由来

　　②擬態を使う昆虫

　　③ホタルが光る理由

　　④食べ物をいつどこで食べているか

　　⑤いろいろな昆虫の成長の順序

　疑問を調べる際には，図鑑とインターネットを使用させた。

　プレゼンテーションをするためには，わかりやすい言葉で発表しなくてはならない。図鑑の文章を丸写しするのではなく，自分の言葉でまとめるように指示した。子供たちは，学習した内容をもう一度考え直す必要に迫られた。

　難しい内容を難しいまま説明するなら誰でもできる。私が言ったの

は，「1年生でもわかるような発表にしなさい。」ということであった。しかも，1人1分と発表時間を区切っていたので，たくさん調べた資料から，本当に価値のあるおもしろい資料だけに絞って発表しなければならなかった。

　こういった発表会を行うと，探究活動はもちろんのこと，学習した知識の活用にもなるし，発表の技能も向上させることができる。

VI

太陽と地面の様子

全部見せます 小3理科授業

VI

Ⅵ　太陽と地面の様子

　この学習では、「関係付ける能力」が問われることになる。例えば、太陽の動きと影の動きを関係付ける。日なたの暖かさと太陽の光とを関係付ける。こういったなんらかの現象を何かと「関係付ける」能力が必要になってくる。関係付ける能力は、4年生で重点的に育てたい技能である。3年生でも機会を見つけて育てていく。

　また、3年生で育てたい「比較する」技能もフルに活用していかなければならない。例えば、日なたと日陰の地面の様子を比べ、違いを観察させるようにする。比べる活動を行う中で、「比較する」技能は育っていく。

　本単元の実験で、教科書どおりに行う場面がある。

　教科書どおりに実験をする場合は、実験ノートの使い方をきっちり教えることが大切だ。一度実験ノートの書き方を教えておくと、それがフォーマットとなって、次から自分のノートを見れば書くことができる。教師は楽だし、子供には力がつくのだ。

　また、実験道具を使いこなせるようにしたい。温度計の読み方や方位磁針の使い方などを確実に習得させる。実験道具を1人に1つ用意することが鉄則となる。自分で飽きるまで触るからこそ、用具の使い方を覚えていくのである。多少、温度計が割れたりといった場面が生じるが、できるだけどの子にも実験用具を持たせたい。

習得させたい知識

1 日陰は太陽の光を遮るとできること。
2 日陰の位置は太陽の動きによって変わること。
3 太陽は東から南を通って西に動くこと。
4 太陽の光によって，地面が温められること。
5 日なたと日陰では，地面の温かさや湿りけに違いがあること。

習得させたい技能

1 日陰の位置の変化や，地面の温かさの違いを，太陽の光と関係付けることができる。
2 日なたと日陰の地面の様子を比較して，違いを見つけることができる。
3 温度計を安全に使用し，目盛りを読むことができる。
4 遮光板を正しく使用しながら太陽の動きを観察することができる。
5 方位磁針を使って太陽の動きと影の位置の変化を調べ，記録することができる。
6 調べた結果を図やグラフでまとめることができる。

単元実施計画

時　間	学習内容と指導方法の重点
第1時	【習得】影を観察しよう
第2時	【習得】太陽はどれぐらいのスピードで動いているのか
第3〜4時	【習得】太陽が動くなら影も動くか
第5〜6時	【習得】校庭で涼しい所はどこか
第7時	【習得】日なたと日陰の温度の差を棒グラフで表現する

影を観察しよう

◇子供の認識を確認する

誰もが知っている「影」。だが，改めてきかれると，「あれ？　どうだったっけ……。」と首を傾げる子もいる。授業を開始するにあたり，子供がどのような素朴概念をもっているのかを確認しておきたい。

まずは，黒板に絵を描いた。

> 人が立っています。影ができています。この状態から，くるりと後ろを向くと，影の向きはどう動くでしょう。

次の図の①②③の中から選んでもらった。

①動かない…………20人
②少し動く…………5人
③動く………………5人

③動く

②少し動く

①動かない

VI

太陽と地面の様子

これだけのことでも意見が分かれる。

この問題では，「①動かない」と主張している子が多かった。ちゃんと帽子の方向に気付いている子がいて，「帽子だけは動くよ！」と言っていた。細かいところまでよく見ている。こういう子をほめることが大事だ。

さらに，たて続けに問題を出した。

> 運動場で立っている人がいます。影は図のようにできています。この人が，運動場の中を走って移動しました。さて，影の向きはどう動くでしょうか。

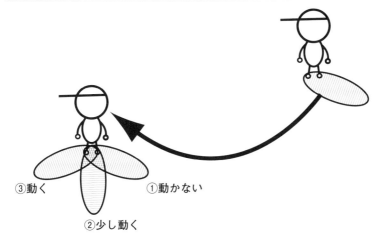

③動く　　　①動かない

②少し動く

問題を変えて，さらに影の向きを尋ねていく。子供たちは顔を見合わせていた。

「あれっ？　どうなるっけ？」

「人間が動いているんだから，影の向きも動くのではないかな。」

などと声がした。

　　①動かない……………0 人

　　②少し動く……………8 人

　　③動く…………………22 人

「③動く」と考えた子が多かった。次はいよいよ，最後の問題である。

95

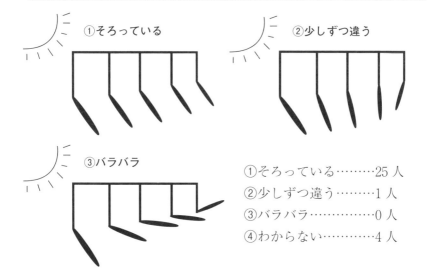

鉄棒の影はどうなっているでしょうか。予想してノートに書きなさい。

①そろっている

②少しずつ違う

③バラバラ

①そろっている………25人
②少しずつ違う………1人
③バラバラ……………0人
④わからない…………4人

◆運動場で確かめさせる

　ここまで予想してもらって，運動場に確かめに行った。

　意見が最も分かれた２番目の問題を確かめている子が多かった。子供たちは運動場を走り回って確かめていた。うたぐり深い子は，かなりの距離を走って確かめていた。

　答えはすべて，「影の方向は同じ」となる。

　ただし，厳密には，かなり走っていって，短い時間に相当の距離を移動すると，もちろん，影の向きは変わることになる。こういった知識も示したうえで，運動場を走ったぐらいでは影の方向は（ほとんど）変わらないことを教えた。

　なんらかの疑問をもたせて観察に行くと，子供たちは観察に熱中する。

　残った時間で影踏み遊びをした。

参考文献
『「参加型板書」で集団思考を深める　４理科編』小林幸雄著　明治図書　2004

太陽と地面の様子

VI

太陽はどれぐらいのスピードで動いているのか

◆太陽と影の関係をモデルで表す

　第1時で，子供から次の気付きが出た。「影は太陽の反対側にできる。」というものである。

　2時間目の最初に聞いた。

> 太陽は動きますか。

　何人かは，「動かないかも？」と首を傾げていたが，ある子が「夜が来るもん。」と言ったことにより，太陽が夕方沈んでいくことが思い出されたようであった。

「太陽は朝昇ってきて，そして夕方に沈みますね。」

　ここで，昨日のおさらいをした。「太陽」と「物」と「影」の3つの関係をモデルで示したのである。私は「太陽」役をした。そして，Aくんは「人」の役。そしてBくんは「Aくんの影」の役。

「Aくん，左手を上げなさい。」

　するとBくんも左手を上げた。

「そうです。影は人の動きに合わせて動きますね。」

◆太陽が動くと影も動くか

　ここで，尋ねた。

> 太陽が動くのなら，影も動きますか。

　子供の中には，動かないと考える子もいた。昨日あれだけ走り回っても影が動かなかったんだから，ちょっとやそっとでは影は動かないものと思ったのである。

つまり，子供の中には次の考えの子がいることになる。

　①太陽は動く。だから影も動く。

　②太陽は動く。しかし影は動かない。

　これは興味深いことであった。そこで，いきなり影の動きに入るのではなく，まず，「太陽は本当に動いているのか？」から調べることにした。

　授業の前には，いくつかの授業プランを用意している。この日も，あらかじめこのプリントを使って授業をしようと，30人分用意して，パソコンのコンテンツまで作っていたのである。しかし，授業の最初に子供の認識を確認してから，用意したプリントを使わなかったり，コンテンツを別のものにしたりということはよくある。この日は，用意したコンテンツもプリントも両方ボツにした。教師の都合で授業を進めるよりも，子供の認識を確認したうえで，子供の意識に沿った授業を組み立てていくようにしたい。

　本日の課題を「太陽は本当に動いているのか観察しよう」とした。実験方法は，「遮光版を使って太陽を観察する」である。

◆太陽の動きを観察する

　さっそく外へ出た。まずは，太陽を十分見せた。雲が動いているのを見て，太陽が動いていると早合点している子もいた。が，とりあえず，思う存分太陽を見せる。

「月みたいだ！」

「けっこう小さいぞ。」

「丸い！」

「雲と太陽が重なって，タコのように見える。」

　子供たちはいろいろなことを発見する。そうして，5分ほど太陽を観察させてから，私の周りに集めた。

「今から，太陽が本当に動いているのかどうか確認をします。普通に見てもわかりません。目印が必要です。目印を学校の壁にします。」

> 学校の壁で太陽を半分に切ります。スパッと2つに切ります。学校の
> 壁で太陽が真っ二つに切れる場所に移動しなさい。

　子供たちは移動し始めた。放っておいても，子供たちは一直線上に
集まってくる。
「先生，太陽が真っ二つになる場所見つけたよ！」
と喜んでいる。
　しばらくその場所で太陽を眺めさせる。すると，「あっ，太陽が学校
から出てきた！」などと口々に叫ぶ子が出てくる。思った以上に，太
陽の動くスピードは速い。
　教室に帰って，太陽が動いていることを改めて確認した。
　最後に，次の時間に確かめる疑問を伝えた。
「太陽は動いています。では，太陽の動きに合わせて影は動くのでし
ょうか。」

第3〜4時

太陽が動くなら影も動くか

◇実験中心の授業はノート作りが重要だ

　1学期は観察中心の授業であった。春の観察。自然の観察。モンシロ
チョウ，植物，その他昆虫……。さまざまなものを観察してきた。
　2学期からは観察にも少し手順が加わるようになる。観察というより，
実験に近くなってくる。実験をする時のノートの使い方を，この機会
に教えていく。

まず，実験ノートは見開き2ページを使う。

左側には次のことを書かせる。

　　課題

　　実験方法

　　準備物

右側には次のことを書かせる。

　　実験結果

　　気付いたこと

　　結論

結論は，課題に正対したものになるように書かせる。例えば，「太陽はどのように動いているのかを調べる」が課題なら，結論は，「太陽は東から南を通り西に沈む」のようになるだろう。

絵や図を使いながら，見開き2ページにおさまるように書いていく。黒板の手本を参考にしていいので，うっとりするぐらいきれいなノートに仕上がる。多くの子が花まるをもらう。花まるをもらった子は飛び上がって喜ぶ。もしもらえなくてもそれでいいのである。多くの子が喜んでいる姿を見て悔しいことだろう。でも悔しさを感じる体験も必要なのである。次はがんばろうとするのである。

◇工夫のできない実験は教科書どおりに行う

課題を，「太陽と影の動きを調べよう」とした。実験は教科書どおり行う。多様な実験方法を考えられない学習では，教科書どおりに進めたほうがすっきりするからである。

地面に東西南北の十字を作る。

十字の端に東西南北のプレートを置く。

中心に長い棒を立てる。このときは高跳びの棒を使用した。運動会シーズンである。高跳びの棒は誰も使わないことがわかっているので，体育館から持ち出したのである。中心の棒は長い方がよい。昼近くになると，太陽が高くなるので，棒の影が短くなるからである。

教科書どおり，朝と正午と夕方に測定した。太陽がどんどん動き，

影も動いていることに，子供たちは驚きの声をあげた。ある程度予想がついていても，感動する。

影は動かないのではないかと考えていた子は，驚きも大きかった。

太陽も影も動くと答えていた子も，こんなにも大きく太陽と影が移動することに驚いていた。

◆結果から気付いたことを共有する

太陽と影の動きをノートに記録したあと，記録の仕方が正しかったかどうかを確認した。実験結果を全体の場で確認することで，もし東西南北の方向がずれていて，混乱している子がいたとしても，修正することができる。

全員がきちんと記録にまとめたところで指示した。

> この記録を見て気付いたことや思ったことをノートに書きなさい。

子供から出た気付きは以下の通り。
　①太陽は東から西へ動く。
　②影は太陽の反対側にできる。
　③太陽が動くと影も動く。
　④影は時計回りに動く。
　⑤校舎の影も棒の影と同じ方向に動いていた。
　⑥太陽が隠れると影もなくなった。
　⑦影は西から東へ動いた。
　⑧太陽は西へ沈んだあとにどこに動くのか。北に行くのか？　どうやって東に帰ってくるのか？

子供の気付いたことから発展させて，いくつかの話をした。

昔の人は影を時計として使っていたこと。そして，太陽は南を通って西に沈むことである。子供には，太陽が南を通っているという意識はあまりなかった。

印象付けるために，砂漠の話をした。砂漠でもし方角がわからなく

なったとする。どうやって方角を知るか。ただし時計は持っているものとする。何人かが発表して正解が出た。12時に太陽のある方角が南である。（ただしこれは北半球の話。南半球では太陽は北を通る。）また，朝早くには太陽は東から出てくるはずだし，沈むのは西のはずである。

ここで，「太陽は西に沈んだあと，どうなっているのか。」と質問が出た。これは困った。太陽が動くと教えたから，このような質問が出る。

実は地球が回転しているのである。太陽の行路が赤道上になっているように見えるだけなのだ。

これも少しだけ教えた。実は，地球というのは，1日に1回転していること。だから，太陽があたかも回っているように見えること。地球が回転しているのだから，夜に太陽は日本の反対側にあること，である。

そして最後に結論を書かせた。結論は，課題に正対して書かせなくてはならない。

「太陽は東から出て南を通り，西に沈む。影は太陽の動きに合わせて反対側に動いていく。」というぐあいにまとめた。

第5〜6時

校庭で涼しい所はどこか

◆温度計の使い方を習得させる

次の時間は，日陰と日なたを比べるという内容に入った。

校庭でいちばん涼しい所はどこですか。

木の下や飼育小屋の陰などをいちばん涼しいとする子が多かった。

どうやって調べたら確かめられますか。

実際に温度を測ろうということになって，温度計の使い方を指導し

た。新しい実験器具が出てきたら，使い方をノートにメモさせている。注意点と使い方，そして温度計の目盛りの読み方などを書かせた。さらに，温度計をあれこれと触ってみるように言った。赤い液だめを触ると，いっきに温度が上昇する。どの子も，声をあげて驚いていた。温度計の使い方をノートにまとめてから，外に出た。

　温度計の使い方を確実に習得させるために，まずは温度の測定の練習をすることにした。温度計を使って，池の温度を測らせた。子供たちは大盛りあがりである。もう秋である。池の水は意外に冷たい。目盛りを読むように言った。何人かは，まっすぐ目盛りを読まないでまちがえていた。使わせてみてまちがっていたら指摘する。

　その後，日が当たる運動場の地面を測らせた。これも，使い方を確認しながら行った。目盛りの読み方をもう一度確認した。今度は，全員がきちんと測定することができた。

◈温度計を使って涼しい場所を探す

　ここまでやって，さっそく温度計を使って，涼しい場所を調べに行くことにした。

> できるだけ涼しい場所を探しなさい。どれぐらいの温度なのか，地面の温度を測るようにします。

　晴れた日に，子供と一緒に，運動場や中庭の温度をいろいろと測りに行った。もちろん，温度計は1人に1本渡している。涼しい場所を探す中で，気付きがいろいろと出てきた。例えば，「日陰は日なたと違い，暗くて地面が湿っている。」などである。

　終わりに，日なたと日陰の違いをノートにまとめさせた。違いをまとめるときには，「日なたは○○だけど，日陰は△△だ。」というように書かせればよい。

　次の時間に，日なたと日陰では，1日の温度の変化がどれぐらいあるのかを調べることを伝えた。

日なたと日陰の温度の差を棒グラフで表現する

◆日なたと日陰で1日の温度の変化を比べる

1週間たってやっと快晴になったので，日なたと日陰の温度を比べることにした。

> 1日の地面の温度の変化を調べます。日なたと日陰で何か違いはあるでしょうか。

9時30分に運動場のどまん中で地面の温度を測った。日なたの温度は20℃である。

次に日陰に移動した。日なたの温度を先に測っておくと，日陰のひんやりした空気や，地面の湿った様子に気付くことができる。温度は目盛りが動かなくなったら測定するように言っている。時間にして3分から5分というところである。

「運動場と全然違う。ひんやりしてる！」

「涼しい！」

などと体感できた。

日なたでも日陰でも地面を掘りすぎないように指示した。液だめのところに，土をそっとかぶせるぐらいでちょうどよい。あまり掘ってしまうと，日なたでも，温度が低くなってしまう。

9時30分と14時に測定した。結果は次のようになった。

日なた 20℃ → 28℃

日陰 18℃ → 19℃

日なたの温度が，かなり上昇していることがわかった。

日なたと日陰の温度差は，測定をしている時に体感できる。だが，数値にしてみるとこんなにも違うのかと，子供たちは一様に驚いていた。

> 日なたと日陰で違いが出たのはなぜですか。

　太陽の光が地面を温めているから違いが出たことに気付かせていく。

◇結果をグラフにまとめる

　最後に棒グラフにまとめた。もちろん，グラフはノートに書かせる。グラフのプリントを配ってそこに書き込ませる場合もあるが，大きなお世話だと思っている。グラフを作るところから始めればよいのである。

　目盛りも書かせる。タイトルも書かせる。いつ調べたのかの日付も書かせる。こういったグラフを書いたという経験が，絶対にのちのち生きてくる。初めから，目盛りもタイトルもついたようなワークシートなど，「小さな親切，大きなお世話」なのだ。子供の負担を軽くしすぎるとグラフも書けない子になるし，しかも，グラフの意味もわからないという子になってしまう。

　グラフを何もないところから書いて完成させる。これも大切な指導である。

105

VII

光を当てよう

全部見せます

小3 理科授業

Ⅶ　光を当てよう

　「光の性質」を調べる学習である。光を重ねたり，集めたりといった活動を行い，現象と現象を比べることで，性質を明らかにしていくようにする。

　ここでも比べる技能が重要になる。例えば，日光を重ねたときと，1枚の鏡だけで光を当てたときとを比べる。日光を，虫眼鏡を使って小さく集めたときと，大きく集めたときとを比べて，明るさや温かさの違いを調べる。こういった「比べる活動」が主となる単元である。

　比べる活動をきちんと行っていないと，知識は定着しない。活動させるだけでは，テストの時にまったく反対の答えを書いてしまう子もいる。「虫眼鏡を使って小さく光を集めたときと，大きく集めたときとでは，どちらが明るいですか。」などといった教師の発問が重要になってくる。見る視点を与えてやれば，子供は漠然と実験をすることはなくなる。

　さらに，「関係付ける」能力も，機会を見て育てることができる。例えば，曇りの日に虫眼鏡で光を集めても，明るさも温かさも弱くなる。太陽の光の強さによって，反射させた光の強さも変わることをとらえさせたい。

　なお，本単元で学習して身につけた知識と技能は，中学校第1学年の「光と音」で活用することができる。

習得させたい知識

1 日光は「重ねたり」,「集めたり」することができること。
2 日光は反射させることができること。
3 日光を当てると，明るさや温かさが変わること。
4 日光を重ねたり集めたりすると，もっと明るくしたり，より温かくしたりできること。
5 日光は直進すること。

習得させたい技能

1 光を集めるのに，鏡を1枚使ったときと複数使ったときとを比べて，違いをとらえることができる。
2 虫眼鏡や鏡を使って安全に実験することができる。
3 実験をしたあとに気付きや疑問を書くことができる。
4 虫眼鏡を使って日光を集めることができる。

単元実施計画

時　　間	学習内容と指導方法の重点
第1時	【習得】光をはね返すものを探そう
第2時	【習得】鏡を使って光をはね返そう
第3時	【習得】鏡ではね返した光は温かいのか
第4時	【習得】光を1点に集めると明るさや温かさは変わるか
第5時	【活用】大きなレンズの虫眼鏡を使って光を集める

光をはね返すものを探そう

◆光をはね返しそうなものを予想する

　1時間目のめあては,「光をはね返そう!」にした。日光は反射させることができることを学ぶためである。どんなものだと光をはね返しそうか,いくつか私がやってみせた。

　まずやってみせたのは,「手」。「先生,手は無理だよ!」などと声があがった。やってみると,光をはね返すことはできなかった。次に消しゴムでやってみせた。やはり光ははね返さない。困ったなあ,という表情をして,子供に尋ねた。

> 教室の中にあるもので,光をはね返しそうなものはありませんか。

　すると,子供から,
「下敷きだとはね返しそうだよ!」
「鏡がいいよ!」
「筆箱の金属のところがいいよ!」
などと声があがった。「先生,なんでわからないの?」という表情で,口々に教えてくれた。

　子供の意見を聞いていて思ったのは,「光を通すもの」もここであげているという点である。光を通すものとは,例えば透明の下敷きである。

　尋ねているのは,光をはね返すものである。下敷きによっては光をはね返すものもあるが,光を通すだけのものもある。光を通すものと光をはね返すものを,混同しているわけである。

　が,ここではあえて,まちがいを指摘することはしなかった。やっているうちに,違いに気付くからである。

　筆箱の金属でやってみせると,光がはね返った。黒板に反射した光がかすかに映っていた。

「あっ，光があるよ！」
「先生の手に合わせてすごいスピードで動いている。」
などと子供たちは声をあげた。最初に，教師が試行錯誤して，なかなかはね返らない姿を見せていたので，実際にはね返ったときの感動は大きい。

◈子供の発見は次々と伝わっていく

> いろいろなもので，光がはね返せるかどうかやってみなさい。

注意点はたった1つ。「はね返した光を人に当てない」である。

教室のすぐ近くのバルコニーへと出た。椅子，かばん，下敷き，定規，鉛筆，はさみ，キーホルダー，教科書……，いろいろなもので試していた。最初は，光をはね返すというのがなかなか確認できなくて，困っている子が多かった。遠くに光をはね返そうとすると，途中で分散してしまって反射した光がはっきりと見えないのである。

だが，いろいろとやっていると，よい方法が生まれるものだ。

まず，日陰に光を反射すると見やすいことを発見した子がいた。たちまち，日陰に光をはね返す子供が増えた。

しばらくして，また別の子が，はね返した光を簡単に確認する方法を編み出した。反射した光を遠くの日陰に映すのではなく，近くの手に当てるとよくわかるというのである。確かに，反射した光は手で受け止めれば，はっきりと確認することができる。

このように，1人できると，その方法がみるみる広がりを見せる。誰かが開発した方法が，次，次，次と広がって，やがて多くの人が光をはね返すことができた。手に光をはね返すとよく見えるという方法を考えた子はSくんだった。そこでS式と名前をつけ，思いきりほめた。

たっぷりと実験をさせたあと，教室に戻り，何がよく光をはね返したかを尋ねた。

いちばん光をはね返したのは，鏡であった。あまりに強い光に，子

111

供たちは驚きの声をあげていた。なかなか光をはね返せなかったから
こそ，鏡の威力に感動したのであった。家に帰って，光を反射させそ
うなものを見つけるように言って授業を終えた。

　家に帰って光をはね返す実験をした子が多かった。家に帰っても学
校と同じ実験をする子がいることは，楽しい授業のバロメーターとな
る。リピーターが多いほど，楽しい授業なのである。

鏡を使って光をはね返そう

◈光をはね返す体験をする中でさまざまな発見をさせる

　2時間目は，鏡を使うことにした。鏡を使って，光をはね返す体験を
たっぷりとさせる。はね返した光がよく観察できるので，場所は日なた
と日かげが半々のところがよい。

　給食を食べたあとの5時間目に，体育館の裏に子供たちを集めた。
日は傾き始め，だいぶ影ができている。

太陽の光をいろいろとはね返してごらんなさい。

　はね返った光の明るさに，子供たちは感動していた。光が直進する
ことは，やっているうちに直感的に気付くことができる。さらに，複
数の子がいれば，たまたま光が合わさるというような場面も起きる。
鏡ではね返した光が合わされば，明るさが変化する。こういうことも
やっているうちに気付くものである。

　5分ほどすると，活動を工夫する子が現れてきた。鏡ではね返した光
をさらに鏡ではね返すとどうなるか，実験している子が出てきたので
ある。また，友達が指さしたところに光を当てるというゲームを行っ
ている子供もいた。

　そこで，次のように指示した。

> 的当てをします。友達が指さしたところに，光を当ててごらんなさい。

　こういう時には，隣の席の子とペアで実験をすることにしている。「ペアでやりなさい。」と言うと，子供たちはさっと動く。この活動も5分ほど行った。

> 鏡ではね返した光を，さらに，鏡ではね返せるでしょうか。ペアでやってごらんなさい。

　最初は苦労している子もいた。空中でやると，どこにはね返っているかわからないからである。そこで，地面の影に，光の進路を映せばよいことに気付く子が出てきた。光の進路を日陰に映せば，光の反射が大変よくわかる。
　ペアでやったあとは，4人組みでさせた。光のリレーである。ここまでやって，教室に戻った。

◆気付いたことをノートに記録させる

> 実験して気付いたことをノートに箇条書きにしなさい。

　次の意見が出た。
　　①はね返した光が重なると，1枚のときより明るくなる。
　　②光は，壁に映すとよく見える。けど，空に向かって光をはね返すと消える。
　　③光はスピードが速かった。
　　④みんなの光が集まったら蛍みたいに光っていた。
　　⑤体育館の窓に光を当てると，通過して，体育館の天井に光が映っていた。
　　⑥光でリレーができた。
　　⑦光はまっすぐに進んでいた。

◆意見の食い違いを取り上げる

　1つだけ，子供どうしの意見の食い違いがあったので，取り上げることにした。

　「空に向かって光をはね返すと，光は消えた。」という意見に対してである。「光はどのぐらい遠くまで進むのか？」という問題なのである。

　ある子は，途中で光が消えたのだろうと考えた。また，別の子は，空が光を映すことができないだけで，ずっと遠くまで進んでおり，見えないだけなのだと考えた。

　ここで，太陽を例に出した。

「ところで，日光はどこから来ているの？」

　子供たちはきょとんとしている。

「それは，もちろん太陽だよ！」

「だって，日光って太陽の光だもん。」

と口々に答えた。

「太陽は地球に近いの？」

　これで，はっとしたようだった。光は，遠く離れた太陽からでも届いている。だったら，やはり光が消えたのではなく，空が光を映していないだけで，遠くにいってしまったのだと。

　これで，1時間を終えた。

　光についてはおもしろいエピソードがたくさん話せる。例えば，相対性理論と重力の関係などである。高学年になれば，時にはこういったエピソードを語ってやることも大切なのだと思う。

第3時

鏡ではね返した光は温かいのか

◆温かさもはね返すか

　鏡は光をはね返す。なら，鏡は温度もはね返しているのか。これを調べるために，ペアで実験した。

> 鏡は温かさもはね返しているのでしょうか。ペアで確かめなさい。

1人が鏡を持って光をはね返し，1人が手で温度を感じるという実験である。1人分の光だと，ほんの少し温かくなった感じがするだけである。

◆鏡を増やすと温かさは変化するか

5分ほど確かめて，次のように指示した。

> 今度は10人分の光を集めます。先生がガムテープを貼った所に，光を当てなさい。

出席番号10番までの子の鏡で光を集める。

10人と限定したのは，理由がある。多すぎると，なかなか1つに集めることができないからである。どこに自分の光があるのかがわけがわからなくなる。10人分の光を集めたらものすごい明るさである。

光に手を当ててみるように指示。「うお！　温かい！」と驚いていた。

このように，1枚の鏡ではね返した光と，10枚ではね返した光とを比べる活動を行う。明るさや温度に違いがあることが，一発でわかる。

> 20人分の光を集めます。さらに10人が光を集めなさい。

20人分になると，10枚に比べ，かなり温かく感じる。実際に触ってみると，感動する。温かくなると予想している子でも，「こんなに温かくなるなんて！」と驚いていた。

光は温度をはね返す。しかも，光が集まれば集まるほど温かさは増す。この2つの性質が明らかになった。

次の時間は，虫眼鏡を使う。光をもっと小さな点に集めると，温度が高くなることを理解させるのである。黒い紙の準備が必要となる。

光を1点に集めると明るさや温かさは変わるか

◆エピソードを語る

前回の授業の復習から始めた。休み明けだからである。

わかったことは，次の2つ。

・太陽の光を鏡ではね返すと，光の明るさだけでなく，光の温度もはね返していること。

・はね返した光を重ねていくと，温度も上がっていくこと。

ここで1つのエピソードを話した。「外国には，鏡をたくさん使って太陽の光をはね返し，1点に集めて鉄を溶かす施設がある。」という話である。太陽の光を集めれば，鉄まで溶ける温度にまで上がる。この事実に子供たちは驚いていた。

ここまで話して，課題を告げた。

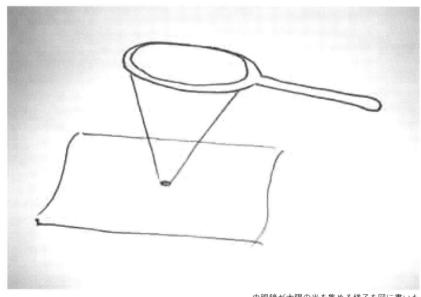

虫眼鏡が太陽の光を集める様子を図に書いた

116

「前回は，複数の鏡を使って，太陽の光をたくさん集めました。今日は，虫眼鏡を１つだけ使って，太陽の光を小さな１点に集めようと思います。」

　これは，図を書きながら説明した。虫眼鏡が太陽の光を集める様子を，図に書いたわけである。こういった図を黒板に描くと，「そういうことか」とうなずいている子がいる。視覚的な情報のほうが，頭に入りやすいのだと思う。

◆光を小さな点に集めたらどうなるか

> 光を小さくしていって，１つの点に集めます。明るさや温度はどうなりますか。予想して，ノートに書きなさい。

　子供たちの多くは，「当然，明るさや温度が上がるはずだ。」と答えた。ここのところが大切で，ちゃんと予想をさせたうえで，実験に取り組ませるようにするべきだ。子供たちの中には，「ひょっとすると，温度も明るさも下がるのではないか？」と考えている子もいる。予想をノートに書かせたうえで実験させるようにすべきだ。

　ただし，この実験の場合は，「紙が燃える」ということもあるので，先に結果を話すことにした。

「実は，光を小さな１点にぎゅーっと集めると，明るさも温度も上がります。しかも，温度はかなり上がります。どれぐらい上がるかというと，紙が燃えるぐらいです。」

　こういうと，教室はシーンとなった。「うそでしょ？」という顔をしている。

「今から紙を燃やしに行きます。」

　教室じゅう大騒ぎとなった。「こわい！」という声も。

　ルールを２つ言った。

　１つは，今までと同じで，危険な行為はしないこと。例えば，虫眼鏡で太陽を見る行為。友達の服に光を当てる行為。火が出るまで燃やす行為。

　もう１つは，必ずペアで実験をすること。虫眼鏡も，黒い紙も，１人

に1つ用意している。だが, 実験はペアで行う。といっても, この場合, おのおの勝手に実験をしているだけである。だが, ペアで実験と言われると, 危険な行為への抑止力が働くのである。誰かに見られているとなると, 1人で黙って危険な行為をするという子がいなくなる。ちょっとした安全面の配慮なのである。

◆温度が急激に上がることを体感させる

さて, 実験を開始して早々に, 1人の男の子が紙から煙を出すことに成功。
「えっ?　そんなに簡単にできるの?」
という声がした。

ここでのポイントは, 「太陽の光をできるだけ小さな1点に集める」ことである。「できるだけ小さな」というのがポイントで, 光が広がっていると, 紙から煙が出るまで時間がかかる。反対に, 小さな点に光を集めることができると, ものの数秒で紙から煙が出る。20分ほどやって, 全員が煙を出すことができた。が, あまりうまくいかない子もいる。

この日は途中から雲が出てきたので, 実験は途中でとりやめになってしまった。ただ, とりやめとなっても, いいことがあった。太陽の光が弱くなると, 虫眼鏡で集めた光も, 温かさや明るさが弱くなるということに気付くことができたのである。

次の時間に, もう1度実験することを伝えた。本時に使用したのは, 小さなルーペである。次は, もっと大きなレンズを使用する。小さいルーペだと, なかなか煙が出ない。なかなか煙が出ないのを味わっているからこそ, 大きなレンズでやった時にあっというまに煙が出ることに感動するのである。

大きなレンズの虫眼鏡を使って光を集める

◆大きなレンズの威力を体感させる

　次の日に，さっそく実験の続きを行った。

　今度は大きなレンズの虫眼鏡も使わせた。大きなレンズだと，あっというまに煙が出始める。実験を開始して数分後には，ほとんどの子供の紙から煙が上がった。

　レンズが少し大きくなっただけで，威力が倍増していることに，どの子も驚いていた。ずっと光を当てていると，本当に火が出るほどに燃え始める。「すごい！」「本当に燃える！」などと興奮状態の子供たち。

　安全のために，コンクリートの上で実験をした。念のために，バケツにくんだ水も用意する。実験後には，燃えた場所に，ホースで水をかけておいた。最後に，火遊びの危険性を話して授業を終えた。

　虫眼鏡を使って光を集めて遊ぶと，本当に火事になることもある。「家では絶対にしないように」と言うと，みんな神妙な顔つきでうなずいていた。

VIII

音の伝わり方と大小

全部見せます
小3 理科授業

VIII 音の伝わり方と大小

この単元で難しいのは,「そもそも音とは何か?」という問題に突き当たることである。

音の発生原因はさまざまである。物が振動すると音が出るのだが,摩擦によって振動が起きているのか,衝突によるのか,空気の流れが変わっているのか,何がどう振動しているのかはさまざまなのである。

そのうえ,「音が耳まで届くのはどうしてか?」という問題も浮上してくる。音が届くのは,空気の圧力の変化が波として伝わってくるからである。

ここでは,とにかく「振動」すると音が発生することをおさえたい。

3年生の理科授業では,「問題を見いだす力」を育てることが大切になる。

この単元で,気を付けたいことがある。それは,ある程度教師が問題を絞る指導をしないと,問題が拡散しすぎることである。

かつての「生活単元学習」では,まさにここが課題であった。つまり,「音ってなんだろう?」とか,「機械が音を出せるのはどうしてだろう?」といったように,問題が拡散しすぎるのである。

そこで,次の点が大切になる。

①「意図的な」自然体験を積ませること。

②「ハテナ」や,「調べてみたいこと」を書かせたあと,教師が良質な問題を選ぶようにすること。

③それでも問題が拡散するなら,教師が発問をするなどして,問題の焦点化を図ること。

上の三つを意識すれば,そこまで問題は拡散せず,かつ,問題を見いだしながら,追究することが可能になるだろう。

習得させたい知識

1 物から音が出ている時，物は震えていること
2 物から音が伝わる時，伝える物は震えていること
3 音の大きさが変わると，物の震え方も変わること

習得させたい技能

1 現象を比べながら，疑問や調べたいことを問題として見いだすことができる。
2 問題を，自分なりの実験方法を考えて確かめることができる。

単元実施計画

時　間	学習内容と指導方法の重点
第1時	【習得】楽器を使って音をさぐる
第2時	【習得】音が出る物は震えていることを確かめる
第3時	【習得】物から音が伝わる時，伝える物は震えていることを調べる
第4～5時	【探究】糸電話を使って音の性質をさぐる
第6時	【探究】遠くに音を届ける方法を考える
第7時	【活用】音が鳴るおもちゃで遊ぶ

VIII

音の伝わり方と大小

楽器を使って音をさぐる

◆遊びの中で音に関する情報を蓄積させる

> 音が出る物。例えば何がありますか。

　人の声，テレビ，スピーカー，オーディオ，楽器など，いろいろと意見を出させる。

　ここでは，「物体の振動による音」を扱ったほうがわかりやすい。つまり，その物自体が振動しているから音が出ている，という物を扱うのである。「拍手」や「指パッチン」は，皮膚と皮膚が合わさって振動が起きるとうよりは，空気をはじくことで出る音である。

　これは少しわかりにくい。そこで，次のように言う。

「机をこすったり，ひっかいたり，たたいたりして，音を出してごらんなさい。」

　振動によって，音が出るはずである。そして問う。

> 何がどうなったら，音が出るのですか。

　これは難しい発問だが，音が出る理由に目を向けさせるために行う。

　予想を促すだけで，正解は出なくてよい。

「今日は，いろいろな楽器を持ってきました。」

　トライアングル，ギター，ミニ太鼓を用意する。

（欄外）VIII 音の伝わり方と大小

> 何がどうなったら音が出るのか，楽器を使ってさぐってごらんなさい。

　ここからは自由に確かめさせる。

　ギターやトライアングル，太鼓は，振動を感じやすい楽器である。

　たっぷりと体験させ，授業の最後の５分になったら指示する。

> 「気付いたこと」や「ハテナ」，「もっと調べてみたいこと」があった人は，ノートに書いておきましょう。

第２時

音が出る物は震えていることを確かめる

◆気付きを共有させる

　２時間めに，気付いたことを共有する時間をとる。ハテナや，調べてみたいことも共有する。

　例えば，次のような気付きが出る。

「音が出ているときには，物が震えているみたいだ。」

「おもいきり打ったり，揺らしたりすると，音が大きくなる。」

「震えを止めると，音も止まった。」

「他の物でも，同じことが起きるか確かめてみたい。」

価値ある問題を取り上げる

ここでは,「音が出る物は震えていること」を取り上げる。

> 音の出る物は震えているようですね。
> 震えを止めると, 音も止まったようです。確かめてみましょう。

楽器を使って, 気付きを確かめる時間をとる。

ここで, 物が震えると音が出ることを, 全員で確認していく。

> 大きな音を出すと, 震えが大きくなるという意見がありました。
> 本当かどうか確かめてごらんなさい。

これも全員で確かめる時間をとる。

このように, 気付きを共有した後で, 追試させることが大切になる。

違いを「量的に」とらえさせる

> 大きな音だとよく震える。小さな音だとあまり震えない。
> このことを, 目で確かめる方法はありますか。

例えば, 大きな太鼓を用意して, その上に発泡スチロールの玉を置くのもよいだろう。

強くたたくと, 発泡スチロールの玉が上まで跳ねる。弱くたたくとあまり跳ねない。

ある程度「定量的」に確かめさせる。「何cmぐらい跳ねましたか」と尋ね, ノートにまとめさせておくとよい。

物から音が伝わる時，
伝える物は震えていることを調べる

◆振動が耳まで届いていることを教える

> ところで，みんなは，どこで音を聞いているのですか。

「耳」である。

> 耳まで音の震えが届いているのですね。
> 震えが伝わってきていることを確かめる方法はありませんか。

実験方法を考えるのは難しい。

だが，答えを言う前に，実験方法を尋ねることが大切になる。「実験方法を自分で考えてよいのだ」という意識づけのためである。

> ボールにラップを張って，その上に塩をふっておきます。
> 近くで太鼓をたたいて，震えが伝わるかどうか確かめてごらんなさい。

太鼓の皮の振動が，空気の振動になり，そして，塩が震えることがわかるはずである。

127

　他にも，大きな声を出すと，ビニール袋の中の小さな球が揺れることを確かめさせてもよい。

　スピーカーの前にろうそくの火を置いても，火が揺れるのでよくわかる。

　最後に，運動場の鉄棒とジャングルジムで，遠くからたたいても，その振動が耳にまで届いて音が聞こえることを確かめさせる。

第4〜5時

糸電話を使って音の性質をさぐる

🔔音を伝える方法を予想させる

「音は，何かが震えて耳にまでその震えが伝わっているのです。」

　ここで，紙コップを提示する。

> 紙コップと紙コップをつないで，声を届けます。
> 声の震えを耳に伝えるのによい物はありませんか。

　ストローや，糸，針金，ゴム，木の棒など，いろいろと出るはずである。

　実は，糸といっても，いろいろな物がある。毛糸や，釣り糸，たこ糸などである。

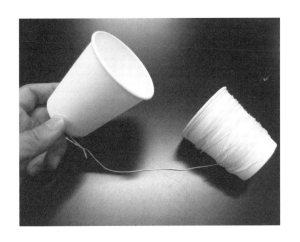

🔊小さな声を届ける「方法」を追究させる

> 紙コップを使って話します。まずは，糸で確かめてみましょう。
> 小さな声が届くよう，いろいろと確かめてごらんなさい。

　自由に実験をさせる。ナイロンの糸は，音がとてもクリアに聞こえる。
　ここでは，「方法」を追究させる。糸をピンと張らないと，小さな音
は伝わりにくくなる。これが「方法」である。
　まずは，「糸電話とはこういうものだ」という体験の蓄積をさせてお
く。

> どうやったら小さな声が届きましたか。

　学級全体で意見を交流させる。
「糸を張っていたら声が届くが，緩ませていると届かない。」
「声を出すと糸が震えていた。糸を指でつかむと声が届かなかった。」
　子供の気付きを発表させ，「物から音が伝わるとき，伝える物は震え
ていること」を確認しておく。

129

小さな声を届ける「物」を追究させる

さらに，追究の活動に入る。

> 糸のほかに声を届けてくれそうな物はありますか。

もう一つの追究すべき点は，材質によって音の伝わり方が違ってくる点である。

ゴムなどでは，ピンと張っていても音はほとんど聞こえない。

輪ゴムでも，そで口を絞るゴムでも同じである。

細い針金は，ある程度緩んでいても音が聞こえるが，やはりピンと張った方が音が聞こえやすい。

ストローは，半分に切って使用する。ストローも，声をよく届ける。

大切なのは，「振動」を感じさせることである。太い木では，音は届かないし，振動も感じられない。反対に，針金は，触ってみると強い振動を感じることができる。しかも，振動を指で止めると，音はまったく聞こえなくなる。

> どんな物だと，小さな声でも届きましたか。

学級全体で意見を交流させる。

「ゴムは聞こえにくく，針金は声が届きやすい。」

「針金は，トンネルの中で話したような変な声になることもある。」

「ゴムはピンと張っていても，声が届かない。」

「太い木は，震えていないし，声も届かない。」

「ストローは，声が届いた。」

> 「気付いたこと」や「ハテナ」,「もっと調べてみたいこと」をノートに書きなさい。

最後に, 糸電話どうしをつないでも, 声が届くことを確かめてもよい。

遠くに音を届ける方法を考える

◆さらに調べてみたいことを追究させる

子供の「ハテナ」や「調べてみたいこと」を取り上げて, 問う。

> 糸をもっと長くしても声が届くかどうかを確かめてみたいという人がいました。声を遠くまで届かせるために, どうしたらよいですか。

ここからは, 問題を追究させる活動に入る。
「コップの大きさをもっと大きくしたらよいのではないか。」
「ピンと糸が張れるように, コップと糸をしっかりとつなげたらよいのではないか。」
「大きな声や楽器で音を出して, 糸を思い切り震えさせたらよいのではないか。」
班で協力して, できるだけ遠くに声が届くように試行錯誤させる。つまり, これまで学習した内容を基にして, 問題を解決させるようにするのである。
紙コップはいろいろな大きさの物を用意しておく。声が遠くまで届きそうな糸や針金を選ばせる。そして, 自由に確かめさせる。

> 今日の授業でわかったことをノートに書きなさい。

VIII

音の伝わり方と大小

音が鳴るおもちゃで遊ぶ

🔔振動によって音が生まれるという「反対の現象」を考えさせる

6時間めは，学習した内容を活用して実験する場面をつくる。

最初に，音に関するおもちゃを紹介する。

> 声が糸を震わせて，そして，声が届きましたね。
> では反対に，物の震えで声を出すことはできますか。

子供たちは「できない」と考えている。

ここで振動を利用して声を出すおもちゃを紹介する。風船がしゃべるおもちゃ，紙コップがしゃべるおもちゃなどがある。トーキングバルーンや，トーキングテープなどを購入し，遊ばせる。

トーキングテープを紙コップにつなげ，テープを手でこすると，紙コップから声が聞こえる。子供たちも一様にびっくりする。

132

> 紙コップから声がした理由を考えなさい。

　さらに，糸電話を，糸ではなく，バネにするとどうなるか確かめさせる。

　これも，震え方が変わるので，声も変わるということがわかる。

> バネ電話にすると，変な声になった理由を考えなさい。

　その後，自由に音の鳴るおもちゃで遊ばせる。

参考文献

『音のなんでも小事典脳が音を聴くしくみから超音波顕微鏡まで』日本音響学会編
講談社　1996

『子どもを変える小学校理科5 光・熱・音・氷と水と水蒸気の授業』堀哲夫著　地
人書館　1996

『21世紀の授業第3巻表現し創る力を育てる1・2・3年』新しい授業をつくる会編
国土社　1998

IX

物と重さ

全部見せます

小3 理科授業

IX　物と重さ

　体重計に片足で立っても体重が変わらないという事実は，子供にとって意外な事実である。

　子供が生活経験で得た素朴概念は，なかなか変化しない。物の形が変わっても重さは変わらないということを理解させるには，質の良い体験をたっぷりと保障してやることが必要だ。粘土の形を変えても重さが変わらないという知識を習得させたいなら，粘土の形をさまざまに変えてみて，本当に「どの形でも」重さが変わらないのかを確かめさせなくてはならない。さらに，「粘土以外の物でも」重さが変わらないのかを調べさせるとよい。いろいろな物で，どんな形でも重さが変わらないということを実験で確かめたのちに，ようやく子供は納得することができる。

　「物が違うと，体積が同じでも重さが違ってくる」ということも，子供にとっては，理解しにくい内容である。理解したかどうかは，反対に問えばわかる。つまり，「重さが同じ場合，鉄と木のどちらの体積が大きいのか？」と問う。この問題に答えられるなら，「重さと体積の関係」にかかわる知識を習得させることができたといえよう。

　なお，てんびんや自動上皿はかりなどの実験道具は，この先使用する機会が多い実験道具である。しっかりと触れさせて，実験道具の使い方を習得させておきたい。

習得させたい知識

1 物は，形が変わっても重さは変わらないこと。
2 物は，体積が同じでも重さは違うことがあること。

習得させたい技能

1 物の重さについて調べたことを，表などに整理することができる。
2 自動上皿はかりやてんびんを正しく使うことができる。
3 体積を同じにするなど，条件を統一して重さを比べることができる。
4 物の重さを手ごたえで比較することができる。
5 物の重さを比べながら，疑問や調べたいことを，問題として見いだすことができる。

単元実施計画

時　間	学習内容と指導方法の重点
第1〜2時	【習得】上皿てんびんを使って重さを比べよう
第3時	【習得】粘土の形を変えたら重さは変わるか
第4時	【習得】いろいろな物の形を変えて重さを調べる
第5時	【習得】いろいろな物の重さを比べよう
第6時	【習得】液体で体積をそろえての重さ比べ
第7時	【活用】同じ重さなら体積はどう変わるか

上皿てんびんを使って重さを比べよう

◆配るところから使い方の指導は始まっている

2時間でたっぷりと上皿てんびんに触れさせた。

「これはてんびんといいます。重さを比べることができます。」

さっそく子供に配った。配る時に，注意点を言った。

> 両手で下を持って運びなさい。

配り終えたら，次のように指示する。

> 平らな所にてんびんを置きなさい。

この指示をしないと，教科書やノートの上に置く子が必ず出てくる。

さらに，皿を両側に載せるように指示。

> 皿を両端に載せなさい。左右がつり合うかどうか，待って確かめます。

つり合わない班がいくつか出てくる。そこで，つり合わせる方法を
教える。

> まん中にねじがついています。それをどちらかに傾けると，うまくつ
> り合うようになります。

つり合わせるときに，「まん中の針が同じ幅でふれたら，つり合って
いるとみなす」ことも教えたほうがよい。

IX

物と重さ

138

❖まずはシーソー体験から入る

> 消しゴムを両方に置いてごらん。下に下がった方が重い方です。

　ここでは,「重いものが下にいく」という原理を教える。つまりシーソーと同じということを理解させるのだ。

　そうこうしているうちに,筆箱など重い物を載せているやんちゃな子が出てきた。

> あまり重い物は置いてはいけません。壊れます。

　使いながら注意点を説明したほうが,子供にはよく理解される。鉛筆,クーピーなど,いろいろな物を置かせて,重さ比べをさせた。どの子にも上皿てんびんを使ったという体験を保障することが大切だ。

❖おもりを使って重さを体感させる

> てんびんのセットの中に,おもりが入っています。重さを体感してもらいます。1gから順に手に置いてごらんなさい。

　「軽い!」から「重い!」へと感想が変わっていった。子供たちは喜んでおもりの重さを体感していた。

> 重さ当てをしてもらいます。

　目をつぶっているお隣さんの手におもりを置いていく。何gか当てるゲーム。意外と当たらない。

　活動を終えて,注意点を説明した。

> 本当は手でおもりを触ってはいけません。手の汗でさびるからです。さびると重さが変わってしまうのです。だから触ってしまったあとは、ティッシュでふいておきましょう。

ティッシュで水分をとるという，触ってしまった時の対処法も教えたことになる。

◆おもりを使って重さを測定させる

教師が演示してみせながら説明した。

> このおもりを使えば，消しゴムの重さがわかります。消しゴムとちょうどつり合うように，おもりを置いてごらんなさい。

身のまわりのいろいろな物の重さを量らせた。子供たちは大喜びで，いろいろな物の重さを量っていった。折り紙の重さ，お金の重さ，名札の重さ……，量るものはたくさんある。

活動の最後，てんびんを片付けるときに，1つの注意点を与えた。

> てんびんの上に乗っている皿は，重ねておきなさい。ぐらぐらするのを防ぐためです。

このようにその時々に注意点を与えられるから，子供の頭にスッと入っていく。2時間かけて，たっぷりとてんびんに触れさせることができた。

粘土の形を変えたら重さは変わるか

✛本時の活動を確認する

この日は参観日であった。保護者も一緒になって楽しく授業をすることができた。

「今日も重さの勉強です。昨日まで，上皿てんびんを使って，消しゴムやものさしや鉛筆のキャップなどの重さを量ってもらいました。」

> 消しゴムはどれぐらいの重さでしたか。

3人に指名。20gより重かった人，軽かった人を確認。軽かった人の方が多かった。このようにして，だいたいの重さをきいていく。

消しゴムは大きいものでも20gぐらいの重さだとわかる。

> 今日は粘土の重さを量ります。ただし，いろいろと形を変えて量ってもらいます。

ただ量るだけでは昨日やったことと同じになってしまう。まずは，丸い粘土の重さを量る。次に，形を変えて，粘土の重さを量る。

「形を変えたら，重さはどうなるのか」が，今日の課題である。

✛演示することで活動の見通しをもたせる

てんびんに，50gのおもりを置き，あらかじめ50gとわかっている粘土を置いた。

つり合っているのを見せてから，形を変えて置く姿を見せた。まずは，粘土を平べったくしてみせた。平べったくして，裏を見せると，大きく見えるのである。子供たちから「大きくなったから，重くなるだろう。」などという声が聞こえた。

さらに，今度は，細く長くしてみた。「軽くなりそう。」などと声が聞こえた。

　粘土に穴をあけて見せた。つまり，ドーナツ型にしたのである。「これはさすがに，軽くなるだろう。」などと声が聞こえた。

　ここは演技力なのだが，重そうに置くと見ていて重く見えるし，軽そうに置くと軽く見える。ぎゅーっと押しつぶして小さくなったような演技をすると，子供は「軽くなった！」などと言う。

　最後に，ちぎってみせる。ちぎって小さな球をたくさん作ると，小さくなったと考える子がいる。

IX

物と重さ

> このように，いろいろと形を変えて，最初の丸い時の重さと比べてどうなるのかを調べてもらいます。

　ここまで言って，課題を書いた。「形を変えると重さも変わるかを調べよう」である。どの子も課題を把握することができた。

◆予想を確認する

> 結果がどうなるか，予想を選んでノートに書きなさい。

　こう言って，板書をした。
- ①変わる　　　　　9人
- ②少し変わる　　　11人
- ③変わらない　　　9人
- ④その他　　　　　1人

　人数を確認した後，理由を書かせた。3分もあれば，5行ほどの理由が書けるようになっている。また，たった1人でも自分の意見に手を上げることができるようになっている。こういうところを保護者に見てほしいのである。鉛筆がかなりのスピードで動いている。どの子も真剣にノートに自分の意見を書き込んでいる。

主な理由は次の通り。

変わる派の意見

・大きくなった時は重さが増えて，小さくなった時には軽くなる。

少し変わる派の意見

・あまり変わらないけど，少しは変わると思う。

・丸い時には中心に重さがあるけど，変な形にした時には，重さの中心もずれるから，重さが変わると思う。

・置き方によっては変わると思う。

変わらない派の意見

・形が変わっても，粘土自体がなくなるわけではなく，そこに全部あるから，重さは変わらないと思う。

・形が変わると重さが変わるというのは，どう考えても変だ。そんなことで重さが増えたり減ったりしないと思う。

◆実験用具を配る時のちょっとした工夫

確かめる前に，結果を記録するための方法を指示した。

> 最初は，丸い形の粘土の重さを量ります。次に，形を変えて粘土の重さを量ります。最後に，粘土をちぎって重さを量ります。時間がある人はいろんな形を作って重さを量ってごらん。

　黒板に簡単な絵を描いてから，実験道具を配った。指示が多い時には絵を描いて覚えさせるようにする。粘土は，50g になるように調整してあるものを使用させた。

　実験道具を配る時には，姿勢のよい人から配ることにしている。だから，配ると言った時に，子供はよい姿勢になる。実験道具を配る時には，どうしても空白の時間が生まれる。騒がしくなりがちなのである。静かにきちんと待てている人から配っていく。やんちゃな子も背筋を立てて待っている。騒々しい中で配るよりも，何倍も速く配れるのである。

◆保護者と一緒に楽しく実験

さっと配って実験開始。

粘土は，いろいろな形に変えるので，手につきにくい材質のものがよい。小麦粉粘土というものがホームセンターで売られており，これがいちばん子につかない粘土だった。油粘土なら，しばらく外に置いて乾かしておくとよい。買ったばかりの油粘土には水分があるので，形を変えているうちに手について，軽くなってしまう。小麦粉粘土は，べたべたしないし，手にほとんどつかない。粘土を触ったあとに，手を洗わなくてよいほどである。サラッとしている。

保護者にも実験に入ってもらった。むしろ保護者のほうが実験に熱中していた。子供たちも口々に「助かった！」などと声をあげていた。保護者が来ていない子が3人いたので，私がついた。

子供たちは，いろんな形に挑戦していた。細長い線にしている子，星型にしている子，細かくちぎって丸めている子……，などさまざまである。

◆実験結果を確認する

結果はと言うと，重さが変わらなかった子が多数。

ほんの少し軽くなった子が数人。

重くなった子が2人。

結果が一致しなかった時のために，自動上皿はかりを持ち込んでいた。デジタル式で，粘土を置くと，すぐに何グラムかが表示される。最後の最後は教師実験で確かめた。いちばん前の席の子に，数値を読んでもらいながら実験を進めた。形を変えても，やはり，重さは変わらない。

ここで，まとめをした。

「粘土の形は変わっても重さは同じ。」

まとめの言葉は短い方がわかりやすい。

いろいろな物の形を変えて重さを調べる

❖粘土以外の物の形を変えて重さを調べる

　アルミホイルや折り紙，消しゴムなどを用意した。形を変えたり，ちぎって小さくしたりしても，重さが本当に変わらないかを調べる。

> 粘土以外の物でも，形を変えても重さは変わりませんか。

　この問いは，疑問や調べたいこととして子供から出させたい。授業の進め方は，前の時間と同じである。ただし，てんびんで重さを量ると，細かい単位まで出ないので，今回は自動上皿はかりを使用した。

　余裕があれば，水で確かめてもおもしろい。水を入れる容器の形を換えて，重さを調べるのである。いろいろな物の形を変えても，重さは変化しないことをここでつかませておく。

❖最後はつめの指導を

　うたぐり深い子も中にはいるので，最後のつめを行うとよい。体重計に載って，片足を上げても（形を変えても）重さは変わらないことを実験させてやればよいのである。

> 形を変えても重さは同じでしたね。では，体重計の上で片足立ちすると，体重は変わるでしょうか。

　予想させたあとで，実際に子供にさせてみる。知識は，さまざまな体験をさせてやったうえに，習得がなされるものなのだ。

IX

物と重さ

145

いろいろな物の重さを比べよう

◆条件統一を意識させる

ここから，重さと体積との関係を考えていく。

まず，同じ大きさでも，物によって重さが違うことを学習する。次に，同じ重さにすると，体積はどう違うかを学習する。つまり，初めの学習と次の学習では逆思考の問題になっているのである。

同じ大きさでも物によって重さが違うという知識は，子供にとって，理解しやすい。一方，同じ重さにすると体積はどう変わるかは，子供にとって理解しにくい内容である。

> いろいろな物の重さを比べてもらいます。鉄と粘土では，どちらが重いですか。

「そりゃあ鉄だよ！」

「じゃあ，これだとどうなりますか。」

こう言って，巨大な粘土球と，小さな鉄球を見せた。

「そんな！」

「そんなに大きさが違ったら，粘土が重いに決まっているよ！」

と口々に言う子供たち。

> 重さを比べるには，1つだけ気をつけることがあります。それは何ですか。

「大きさを同じにすること」という答えが出た。

「体積」という言葉は難しいので，ここでは，「大きさ」という言葉で表現した。

◆物による重さの違いを予想させる

> 同じ大きさにして，次の物を比べます。重さは違うのでしょうか。

　鉄球，ガラス球，粘土，木球，プラスチックの球などを用意した。
　このうち，球になっている物は，大きさがそろっている。が，粘土
だけはそろえていない。だから，粘土の大きさをそろえる必要がある。
　大きさをそろえるのだと強調しても，30人いて，なんと8人が意識
できていなかった。大きさが同じでないと比べられないということが
意外にわかっていない。平然と，大きな粘土と鉄の球を比べていた。

> 同じ大きさにすると，重さも一緒になりますか。

　「大きさが同じなら重さも同じ」と考えている子が多いのには驚いた。
重さが違うと主張する子には，どれが重そうか予想してもらった。

◆重い物から順に並べさせる

　重さ比べは，てんびんの皿の左右に載せて，下がったほうが重いと
いうことで比べさせた。
　子供にとって，難しかったのは，どういうふうに重さを比べていくと，
重さの順位がわかるのかということである。
　中には，2つの皿しかないてんびんで，全部一緒に比べようとしてい
る子もいる。これは無理である。2つずつしか比べられない。2つずつ
比べていると，どれが重くてどれが軽いのかの順位をつけるには，少
し工夫して量らなければならない。効率よく量っている子はあまりい
なかった。「あれ，どうやったら順位がつけられるのかな？」と考えな
がらの作業であった。
　結果は，鉄がいちばん重く，次はガラスであった。意外にも，粘土
は軽かった。粘土にもいろいろと材質があるので，粘土によって結果
は違う。こういう材質のことも話すとよい。

147

液体で体積をそろえての重さ比べ

◆さまざまな体験をとおして確認する

第6時は，液体で，体積をそろえて重さを比べる活動を行った。

今までは大きさをそろえるというイメージだった。液体を使ったことで，「量をそろえる」というイメージに変わる。物によって重さが違うのかどうかを調べるためには，体積を同じにしなくてはならないということを，いろいろな角度から学習するわけである。

使用した液体は，水とオレンジジュースである。水と牛乳でも，重さがかなり違う。50mlぐらいとれば，十分に重さの違いが出る。

ただし，気をつける点がある。今までは上皿てんびんの左右の皿を水平にするだけでよかった。しかし，今回は100mlますを使う。だから，左右の皿の上にますを置いた状態で，水平にしなくてはならないのである。

これだけ気をつけておけば，水とジュースで重さがかなり違うことが簡単に結果として表れる。

◆課題を確認する

「今日は引き続き，重さを比べてもらいます。」

> 水とジュースです。どっちも水と同じようなものですね。 重さは違うのでしょうか。

前回の学習と違い，あらかじめ体積をそろえていない。子供たちが，自分で体積を量りとらなければならないので，けっこう時間がかかった。液体2つを比べれば，十分である。

課題「水とジュースの重さを比べよう」をノートに書かせた。

IX
物と重さ

✿実験の手順と準備物をノートに書かせる

　次に，実験の手順を確認した。全員の前でやってみせた。演示実験を見させるときには，必ず集中できている状態にさせている。手から物を放させ，体ごと教師の方に向かせておいてから，実験を始めるようにしている。

　　①てんびんを水平に合わせる。
　　②100mlますを両方の皿の上に載せる。
　　③水平になるようにする。
　　④50mlを量りながら入れる。ますには，目盛りがある。
　　⑤重さを比べる。

　ここまでやって次のように指示する。

> 今やった実験の手順を，ノートに箇条書きにしなさい。

　こうやって，話を聞いていたかどうか，実験の方法をイメージできたかどうかの確認をする。説明をしたあとに，なんらかの出力をさせることで，のんべんだらりとした雰囲気はなくなる。教師の話をきちんと聞いておかないといけないような状況を作っていく。

　実験方法が書けたら，次のように指示する。

> 実験で必要なものをノートに書きなさい。

　準備物を書かせたわけである。このように，実験ノートの書き方を，きちんと教えていく。

✿予想を確認する

　「重さは違うのか，同じなのか」を尋ねた。どちらも同じような水だから重さは変わらないと考える子や，少しだけ違うのではないかと考えている子，前回の学習と同じで，物が違うのだから重さは違ってくると考える子など，さまざまだった。

149

予想のあと，意見分布を簡単に確認し，理由を書かせた。理由を書く時間をいつもとっているから，子供たちの対応も早い。さっと鉛筆を持って，理由を何行も書くことができている。賢い子は，私が「理由を書きなさい。」などと言う前に，すでにもう理由を書き始めている。教師の指示が出る前に動けるようになるまで，鍛えなくてはならないと思う。

♠時間が余った班のために別の液体も用意しておく

　ここまでやって，実験開始である。

　50mlを量りとるということがけっこう難しい。時間がかかるが，子供たちは丁寧にやっていた。

　結果は，明らかにジュースの方が重くなる。

　なぜ，重いのかも子供に尋ねた。

「砂糖が溶けているから，その分重くなる。」

「オレンジが溶けているから，水よりちょっと重い。」

「栄養が溶けているから重くなる。」

などという答えだった。

　物によって重さは違う。水とジュースという液体どうしでも，重さは違うのである。コーヒー牛乳などいろいろなもので確かめてもおもしろい。実際，時間が余った班には，特別にコーヒー牛乳も配って重さを比べさせた。

　この学習で，体積をそろえるということに注意するということ，同じ体積でも重さが違うということを確認した。

同じ重さなら体積はどう変わるか

◆物によって重さに違いがあることを思い出させる

「物と重さ」の最後の授業である。

> 同じ大きさの鉄と木では，どちらが重いですか。

「鉄です。」

しつこいようだが，何度も確認していく。

> では，どれぐらい重さが違うのか，この球で量ってみます。

同じ大きさの球の重さを量る。鉄は，230gあった。木は，20gしかない。鉄と木の重さを，黒板に書いた。

◆今までと逆の問題を考えさせる

ここから逆思考の問題を考えていく。「物と重さ」の学習で，最も難しいところである。わかる子はすぐわかるが，できない子にとっては難しい。素朴概念がそれぞれの子供にとってさまざまにあるので，どのように考えるのか，意見を発表させながら確認をする必要がある。

> 鉄と木では，同じ大きさで，重さが違います。これを，同じ重さにそろえます。2つとも50gにします。大きさはどうなるでしょうか。

同じ重さにしたときに，鉄と木で大きさはどう変化するかを尋ねた。これに対する答えは，次の3つである。

　　①同じ重さなのだから，大きさも同じ。→　0人

　　②同じ重さでも大きさは違う。鉄は大きく，木は小さい。→　9人

　　③同じ重さでも大きさは違う。鉄は小さく，木は大きい。→ 20人

✿少数意見から理由を発表させる

　重さと体積の関係をつかむことは意外に難しい。

　大きさは必ず異なるということは，全員がわかっていた。だが，鉄が重いのだから，鉄が大きくないとだめだと考えている子が9人もいる。

　これもいつものように，意見を決めさせ，理由を書かせた。発表したい人から順次発表。ただし，この場合，まちがっている意見が少人数なので，少人数の意見から発表させるようにする。多数の正解の意見に押されて，発表できなくなるかもしれないからだ。

✿重さをそろえて確かめさせる

　実験の確かめのために用意したのは，「木くず」と「鉄粉」である。50gを量りましょうといって，100mlますを渡した。木くずだと，2杯以上になる。鉄粉だと，そんなに多くはならない。このように，固体も液体のように量で体積を合わせるという実験が可能である。

　木くずがなかなか50gにならないことに，子供たちは驚きの声をあげていた。

「こんなにたくさん入れないと，50gにならない！」

「鉄は少なくても50gになった！」

　こういった感動は，実際にやってみないと感じられない。

◆言葉の理解不足による誤解は最小限に防ぐ

体積と重さの関係をいろいろな角度から学習した。

6時間目までは，体積をそろえて，重さを量る活動。7時間目には，重さをそろえたら体積がどうなるかを考える活動である。

よかった点は，「体積」という言葉を使うのではなく，「大きさ」という言葉を使ったことで，言葉の理解不足による誤解は生まれなかった点である。「体積」という言葉を使うと，3年生では混乱することもある。言葉に敏感になりたいものである。

子供のまとめには，次のように書かれていた。

大きさが同じでも，物によって重さは違う。

重さを同じにしたら，大きさは変わる。

軽い物は，大きくても，軽い。

◆まちがった認識から抜けきれない子供もいる

いくつか，まちがった認識をしている子もいた。

ある子は，粉になると軽くなるというイメージをもっていた。「鉄を粉にしたから，軽くなった」，「木を粉にしたから，軽くなった」とまとめに書かれてあった。球になっている木や鉄を，かなり細かい粉にしたら軽くなるというイメージがあるのだ。

粘土などで，形を変えても（ちぎって小さくしても）重さは変わらないことは確認済みである。が，木や鉄になるとまた別のイメージになってしまっている子も中にはいる。

子供のイメージはなかなか変化しない。生活経験で得た素朴な感覚的イメージが強い。体験をたっぷりさせたうえで，素朴概念を徐々に変えていくしかない。

X 電気の通り道

全部見せます 小3理科授業

X　電気の通り道

　本単元は，目に見えない「電気」に対して「実感を伴った理解を図る」をことを目的とする。

実感を伴った理解のための工夫

1　意図的に体験を蓄積させる。
2　学習したことを言葉だけでなく図や絵（モデル）を使ってまとめさせる。
3　生じた疑問を解決させる。

　実感を伴った理解ができたかどうかは，習得した知識を活用できるかどうかで判断する。知識を活用できるとは，例えば，実験の結果を今までの実験を根拠に予想し説明したり，実験の結果を学習した知識を使って考察したりすることができるという子供の姿を指す。
　また，電気の性質は，「気付かせる内容」と，「教える内容」とに分けられる。「回路ができると明かりがつく」というのは，気付かせることができる内容である。だが，電気がどのように流れているのかは，気付かせることはできない概念であり（そもそも電気というものはなく，あるのは電子の流れなのだから），教師がどこかで教えるべき内容である。このように，「気付かせる内容」と「教える内容」とに分けて考える。

習得させたい知識

1　回路ができると電気が流れること。
2　電気を通す物と通さない物があること。
3　電気は一定の方向に流れること。
4　電気は長旅だと流れにくくなること。
5　電気は流れやすい方に流れること。

156

1 ソケットを使わなくても，豆電球の明かりがつく回路を作ることができる。
2 模式図で表した回路を，乾電池，導線，豆電球を使って正しく作ることができる。
3 明かりのつく回路とつかない回路を比べることができる。
4 回路の中にいろいろな物を入れて，電気を通すものと通さないものとを調べることができる。
5 電気を通す物と通さない物とを表を使ってわかりやすく整理することができる。
6 電気を通す物と通さない物を比べることができる。
7 現象を比べながら，疑問や調べたことを，問題として見いだすことができる。
8 電気の性質を利用したスイッチを作ることができる。
9 回路を模式図で表現することができる。

単元実施計画

時　間	学習内容と指導方法の重点
第1時	【習得】ソケットを使って明かりをつける
第2時	【習得】ソケットを使わずに明かりをつける
第3時	【習得】発見を共有する
第4時	【活用】豆電球，導線1本，乾電池で明かりをつける
第5時	【習得】導線と導線をつないでも明かりはつくか
第6時	【習得】導線をもっと長くしても明かりはつくか
第7時	【習得】ショート回路を知る
第8時	【探究】オリジナルの回路を考える
第9時	【探究】考えた回路を確かめる
第10時	【習得】電気を通す物を調べる
第11時	【活用】金属でも電気を通さないのはなぜか

X

電気の通り道

ソケットを使って明かりをつける

🔦道具の名前と機能を教える

　まずは，教材セットを配っていく。配った物を確認する時に，道具の名前と機能を簡単に説明するとよい。

　例えば，電池を次のように説明する。

「乾電池といいます。この中に電気がつまっています。ビリビリする電気がつまっています。」

　ビリビリといった言葉は，電気のイメージにつながる表現である。

　静電気などを用いて簡単に確認する方法もある。髪の毛を下敷きでこすって，静電気を起こさせる。髪の毛が下敷きに引きつけられる。髪の毛が電気をもったわけである。この電気が，ときにバチバチと放電されることがある。セーターを脱いだ時に火花がバチバチと起きた経験をもつ子もいる。また，雷を見たことがある子もいるだろう。あれが電気が流れた状態なのだということを教える。

電球と電池だけを使って明かりをつけてごらんなさい。

「無理じゃないの？！」

「明かりはつかないと思う。」

という声。電池の中に電気があると説明されても，乾電池内の電気が豆電球に伝わるとは思えないのである。1分ほどで，

「やっぱり無理だ。」

と子供たちが口々に言いだした。

「これではつかないのです。電気を導く物がいります。電気を運ぶ物がいるのです。電気を運ぶ物が『導線』です。」

　ここで，ソケット付きの導線を出す。ソケットから出ている導線が赤と緑で色分けされている。

🔦豆電球の明かりをつける実験を行う

> ソケット，乾電池，豆電球を使って明かりをつけます。こんなふうに
> なります。

　こう言って，明かりがついたところを見せる。
「うわー。きれいー！」
と子供たちは興奮していた。
　実験の時間を20分ほど確保した。開始5分ほどで多くの子が，明か
りをつけることに成功していた。明かりがついた子は，乾電池2個で
試したり，導線を持ち上げたり，乾電池を浮かしたりと，いろいろな
ことに挑戦し始めた。
　しばらくすると，「セロハンテープを使いたい」という子が現れた。
もちろん，使ってよいこととした。セロハンテープで留めても明かり
がつくということにさえ，子供たちは驚いていた。手を放しても明か
りがついたままになるというのである。
　中には，セロハンテープのつきがあまくて，明かりがついたり消え
たりする現象に出会っている子もいた。道具を1つ増やしただけで，
現象はさまざまになる。

🔦気付いたことを共有させる

　実験後に，気付いたことを箇条書きにさせた。絵や図を使ってまと
めてもよいこととした。
　子供たちの気付きは次の通り。
　　①導線を＋と－につけると，明かりがつく。
　　②色のついた導線を左右反対にしても，明かりはつく。
　　③豆電球をきちんと回してソケットにはめないと，明かりはつかない。
　　④導線をまっすぐにしなくても，明かりはつく。
　　⑤導線を乾電池につける時に，どういうつけ方でもとにかく乾電
　　　池にふれていれば，明かりはつく。

⑥両方＋にしても，明かりはつかない。また，両方－にしても，
明かりはつかない。

⑦セロハンテープで導線を乾電池にくっつけると，明かりはつい
たままになる。

⑧電池と導線をずっとつないでいたら，少し温かくなる時があった。

第2時

ソケットを使わずに明かりをつける

💡授業の初めに復習を行う

> 前回の勉強で，わかったことは何でしたか。

「＋と－に導線をつなぐと明かりがつく。」

「輪になると，電気が流れて明かりがつく。」

という意見が出た。

　乾電池と豆電球，導線を書いて，最後にソケットを書いた。ソケッ
トは，豆電球をはめ込むためのケースだよと，念のために確認した。

「それぞれの部品の名前を覚えてください。」

　簡単に，絵を指しながら確認していった。

「これは？」

「乾電池！」

「これは？」

「豆電球！」

というように全員に言わせていった。

💡電気の概念を教える

　ここで初めてイメージ図を提示した。黄色のチョークで電気の流れ
を私が示したのである。＋極から電気が出てきて，流れるように進み，

－極に帰っていく。そして，また電池から電気が出てくる。このようなイメージ図をさっと示したのだが，混乱はなかった。

　電気は流れるものだというようなイメージを少しずつもたせていく。このイメージを使って，電気の流れを考えることができるようにするためである。

❖ソケットを使わずに明かりをつける

　今回の実験では，ソケットは使わない。

> **導線2本と豆電球，乾電池だけで明かりをつけてごらんなさい。**

　導線を10cmの長さで2本切らせた。ここからさらに，導線のビニール部分をはずなさければならない。まず，私がやってみせた。
「ビニールがあると，電気は流れません。ソケットの導線を見なさい。先はビニールがついていません。ビニールがあると，電気が流れないのです。そこで，ビニールを取らないといけません。爪を立てて，思いきり引き抜くと，ビニールは簡単に取れます。」

　子供たちもすぐに取ることができていた。ここから実験を開始した。

　多くの子が，「輪」をつくろうとしたため，導線と導線をつなぎ合わせてまず最初に導線の輪を作っている子が多かった。しかし，これはショート回路になる。輪が途中でつながってしまったのだ。
「導線と導線をつなぐと熱くなる！」

　これは，やんちゃな子がまず最初に発見して，私が紹介した。導線と導線をつないだら，豆電球の明かりはつかなくて，熱くなるだけになる。何人かは確かめをしていた。

　しばらくして明かりがついた子がいたが，すぐに消えてしまって，2回目がなかなかつかないという子が多かった。どうして明かりがつくのかの原理がわかっていないと，あてずっぽうになってしまって，明かりをつけることができないのである。

　5分後に10人ほどが明かりをつけることができていた。だが，確実

に豆電球の明かりがつく方法をつかんでいる子はまだこの時点では少なかった。

　20分後，ほぼ全員が1度は明かりをつけることができていた。が，どうして明かりがつくのかをつかんでいる子は，多くなかった。

💡気付いたことを書かせる

　授業の終わりに，ノートに気付いたことを書かせた。ノートには次のように書かれていた。

> ①豆電球の下に導線をつけて，もう1つは豆電球の横につけると，明かりがつく。
> ②導線と導線をつけたら，熱くなった。
> ③導線と導線をつけてから豆電球につけても，明かりはつかない。
> ④ガラスのところに導線をつけてみたけど，明かりはつかなかった。

第3時

発見を共有する

💡子供の気付きをしっかりとほめる

> 前回の実験で気付いたことを発表しなさい。

　子供たちに，前で実験道具を使いながら説明させた。中には，絵で説明したいと申し出る子もいて，ほめた。発表した子は，どの子もしっかりとほめることが大切だ。たとえ，まちがったことを言っていてもいいのだ。ほめることがまず先にくるべきだ。

「すごいね。こんな発見したんだ。」

「それは，先生も知らなかったな。」

「へ～。なるほどね。」

などと，発表のあとは逐一ほめる。ほめられるから，子供たちはわれ

先にと自分の発見を人に伝えるようになる。まちがっていたり，子供どうしの意見の食い違いが出たりしたら，あとで確かめればよいのだ。

❖意見の食い違いを全員で確かめる

意見が多少食い違ったのは，導線をどうつなぐと明かりがつくのかであった。

大きく3つの意見が出た。

①豆電球の下と横に導線をつなげると，明かりがつく。

②豆電球の下に導線を2本つなげると，明かりがつく。

③豆電球の下とほんの少し上につなげると，明かりがつく。

実験で確かめさせた。このように，発表の内容が正しいかどうかは，実験で証明していく。実験の結果が分かれたところもあったので，私が演示して見せた。

②だけは，明かりがつかない。

❖豆電球の構造に注目させる

ここで，どうしてこうなるのかを簡単に説明した。

まず，「輪」になるとは，豆電球の中のフィラメントも含むということである。

「ソケットを確認してごらんなさい。」

「あっ，ほんとだ！」

とおとなしい女の子が声をあげた。ソケットは，ちゃんと豆電球の下と横に導線がつくように設計されているのである。

❖ショート回路を説明する

さらに，導線が熱くなったわけも説明した。

これは，電気が豆電球を通らずに1周してしまったためである。電気だけが＋から－へとぐるぐる回っているので，火花が回っているのと同じで，熱が出てきて熱くなるのだと説明した。反対に，豆電球を光らせる仕事をすれば，あまり熱くはならないことを教えた。豆電球

163

を光らせる仕事にエネルギーを使ったからである。

　さらに，熱くなるつなぎ方を確認していった。どれも，やはりショート回路になってしまっている。フィラメントにいく前に1周してしまっていることを，子供と確認した。

第4時

豆電球，導線1本，乾電池で明かりをつける

🔆導線1本で明かりをつける

> 豆電球と導線1本，乾電池を使って明かりをつけてごらんなさい。

　明かりがつく回路を発見した人からノートに書かせ，持ってこさせた。新しいつなぎ方を発見した人から順に，黒板に書いてもらった。

　細かい発見を入れると，もっともっと多くのつなぎ方が「発明」されていた。

　例えば，「鉛筆に導線を巻きつけても，鉛筆の有無に関係なく，明かりはついたままとなる。」という発見である。

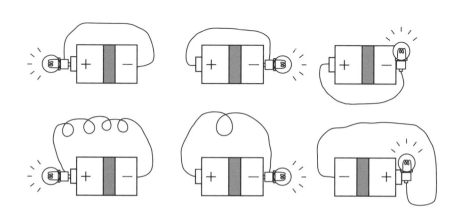

❖情報を解釈させる

　黒板に書かれた「明かりのつくつなぎ方」を見て，気付いたことを書かせた。主な発見は次の通り。

　　①＋と－が逆転しても，明かりがつく。

　　②導線をぐるぐるにねじっても，明かりがつく。

　　③導線を長くしても，明かりがつく。

　　④乾電池に直接豆電球をつけていても，輪になっていれば，明かりはつく。

　　⑤導線だけを乾電池につなげると，熱くなる。

　　⑥豆電球にセロハンテープを貼ったら，明かりがつかなかった。

❖言葉を大切にする

　ここで，子供から「輪」でなくてもよいという意見がたくさん出た。「丸い『輪』の形でなくても，途中がぐるぐるになっていても，とにかく，＋から－に電気が流れていて，その途中に豆電球があれば明かりがつく」というものである。

　「輪」という言葉は，「丸い」という内容をイメージさせる。「『輪』になれば明かりがつく」というまとめは，あまりよくないのだと思い知らされた。子供たちは，「輪」でなくてもよいではないかという主張をしたのである。

　言葉を大切にということが学習指導要領では言われている。まとめの言葉はよく吟味して使いたい。「『輪』になれば明かりがつく」というまとめの言葉は，「丸い輪っかのようになっていないと明かりはつかないのだ」という誤解を生むかもしれないという意味である。

　「円い『輪』でなくても，とにかく＋から－に道ができていればよい」ことを確認するために，最後に，電気の流れを黄色のチョークで流れるように示した。どの回路も，必ず＋から－へとつながっている。別段，丸い『輪』になっていなくても，＋から－へと電気の通り道ができていれば明かりがつくことがわかる。

導線と導線をつないでも明かりはつくか

🔦 子供の発見を検証する

前回確認しきれなかった現象を確認していった。次の2つである。

①セロハンテープを貼ってじゃまをすると，電気は流れない。

②導線が長くなっても，明かりがつく。

> セロハンテープをある場所に貼ると，電気が流れなくなることを発見した人がいます。どこに貼ったら電気は流れないのでしょうか。赤鉛筆で印をしてごらんなさい。

　回路図を提示しながら，発問した。答えは，「豆電球の銀色の部分」と「乾電池の＋と－の部分」である。

💡 電気のモデルを説明する

　ここで，電気の流れをイメージさせるために，子供と私で，電気の流れを表現した。つまり，初めて電気のモデル図を教えたわけである。

　まず，乾電池役の子を1人決める。次に，豆電球役の子を1人決める。そして，電気役の子を3人決める。私も電気である。先頭に立つ。セロハンテープ役の子を1人決める。

「乾電池の＋から電気が出ます。」

と言って，私が先頭で歩き始めた。

「電球に着いたら，明かりがつきます。」

そういうと，豆電球役の子が手を振り始めた。教室は笑いに包まれた。

「こうして，電球に着いたあと，電気は－の方へ帰ります。」

と言って，乾電池役の子の後ろに並んだ。

「また，乾電池から電気が出発します。こうしてぐるぐると回っていれば，豆電球の明かりはついたままになります。」

166

ここまでは，子供もよく理解できていた。問題は，セロハンテープを貼った時に，電気がどういう流れになるのかである。

　　①まず，セロハンテープを豆電球に貼ると，回路は途中でプッツンしてしまう。だから電気は流れない。止まってしまう。

　　②もし，乾電池の－に貼ると，最後に乾電池に帰れなくなるので，やはり回路が途中でプッツンしてしまう。よって電気は流れない。

　　③じゃあ，もしも乾電池の＋に貼るとどうなるでしょう……。始めから電気が出ることができません。

　このように子供を電気に見立てながら説明をした。

　この場合，電気は１つ１つばらばらの粒なのだというイメージをもってもいいと考えている。重要なのは，電気には「流れ」があるというイメージである。導線役を作り，それぞれがボールを持って手渡しをする形にして，遮る物が出た時に止まるモデルを使ってもわかりやすい。

🔦全員に確かめさせる

　ここまでやって，実験で確かめさせた。

　このように，子供の発見を紹介したあとで，確かめの時間をとるようにする。

🔦導線をつないで長くしても電気がつくか

　次に，もう１つの子供の発見を紹介した。「導線が長くなっても，明かりがつく」というものである。

　この問題は２つの意味を含んでいる。１つは，ただ単に導線が長くても明かりがつくという意味。もう１つは，導線をつないでも明かりがつくという意味である。何人かは，導線をつないだところで，電気が切れると考えていた。

　どちらも確かめさせた。導線と導線をつないでも，電気が途切れることはない。明かりはつく。やんちゃな子が１ｍぐらいの長い導線を作って確かめていた。長くても，明かりがつく。みんな「すごい！」と驚いていた。

導線をもっと長くしても明かりはつくか

💡変化をつけて繰り返す

導線をもっと長くしても，明かりはつきますか。

①ペアで長い導線を作って実験。

②4人班で長い導線を作って実験。

③8人班で長い導線を作って実験。

　実験はこの順番で行った。最後は，教室じゅう大騒ぎとなった。

「これはさすがに無理だろう！」

などと言う声がこだましていた。だが，電気はかすかにつく。

「うわ～，ほんの少し明かりがついている！」

　結局，導線の長さが12m ぐらいまでは明かりがつくことが判明した。

ショート回路を知る

💡模式図だけでなく実物も提示する

　ショート回路の実験は2つやる。

　1つは，近道タイプ。「輪」の中に，1本の導線があるもの。

　大切なのは，実物を提示することである。実物を見て初めてイメージできることもある。実験をさせる時は，導線が熱くなるので，導線をパッとつないで，すぐ離すようにさせるとよい。

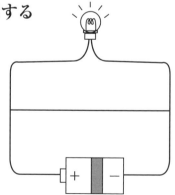

168

明かりがつくと考えた子は，12人。つかないと考えた子は，17人。

以前に，導線が熱くなった時に，「電気は近道をする」という性質を覚えていた子は，きちんと理由を言うことができていた。

❖難しい実験はペアで行うようにする

実験はペアでさせた。これがかなり効果的だった。

私は，見本の回路の実物をちゃんと黒板に貼っている。ところが，見本があっても回路が作れない子もいる。ペア実験なので，隣の子と相談しながら，1人では作れない子でも回路を組み立てることができていた。

実験を始めてしばらくして，いい質問が出た。

「先生，導線は，ビニールを取ってからつなぐのですか，それともビニールの上からつなぐのですか。」

なるほど，これは結果が違ってくる。また，しばらくして，別の質問が出た。

「先生，豆電球の明かりは，つけたままにしておいてから導線をつなぐのですか。それとも，最初に明かりを切っておいて，導線をつないでからスイッチを入れるのですか。」

おもしろい考え方だ。最初に明かりをつけていれば，電気がそこを通っているのだから，消えるはずがないというのである。

ペアで実験をさせた。かかった時間は7分。子供たちが，口々に「明かりがつかない！」と言い始めてストップした。

❖最後は教師実験で確かめる

最後は，教師実験によって確かめた。

明かりをつけた状態で，まん中をつなぐとパッと明かりが消える。電気は，近道をしたのだ。

もともと，電流がどれぐらい流れるのかというのは，「電圧の大きさ」と「抵抗の大きさ」で決まる。電流が最初にあるわけではないのである。抵抗が大きいほうには，電流は行きたがらない。だから，電流の多くは，

169

豆電球のほうよりも，近道の導線のほうを通るというわけである。

　電気が本当に近道をしたのかどうか疑う子もいる。「乾電池から電気が出ていないのでは？」と考えたのである。だから，導線が熱くなるというのを，ほんのちょっと体験させてやるとよい。やはり電気は，近道をしてぐるぐると回っていることが理解される。

❤電気は楽なほうを通る

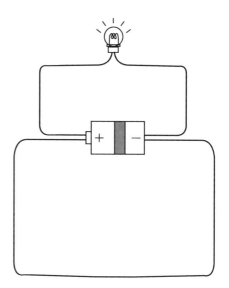

　ショート回路の実験の2つ目は，枝分かれタイプ。しかも，＋極からいきなり2つに分かれて，ショート回路が長いもの。

　子供は，次の点で悩んでいた。「近道をするという論理から言えば，明かりはつくはず。」

　結果は，明かりがつかない。「電気は回り道があれば，それが遠回りであろうと，豆電球をさけて通る」ことがわかった。

電気の流れ方

　電流の大きさは，電圧と抵抗の大きさで決まる。
　厳密に言えば，導線もわずかの抵抗がある。だから，電流のすべてが回り道をするのではなく，わずかながら電球のほうにも電流が流れることになる。もちろん回り道の導線が長くなると，導線の抵抗は大きくなるので，その分豆電球のほうへも電気が流れることになる。
　抵抗の並列接続についてオームの法則をあてはめると，電流がどれだけ流れているのかを求めることができる。

オリジナルの回路を考える

💡子供の言葉で電気の性質をまとめさせる

> 今までの実験でわかった電気の「性格」をノートに箇条書きにしてい
> きなさい。

　性質ではなく，性格という言葉を使った。みんなにもそれぞれ性格
があるように，電気にも性格があるというように説明した。次の「性格」
が子供から出された。

　　①電気は，電池の＋から－へと進む。
　　②電気は，逆流しない。
　　③電気は，途中でセロハンテープなどで遮られると先に進めなく
　　　なる。
　　④電気は，明かりをつける仕事をしたくない。楽なほうを通る。

💡回路の電気の流れを考えさせる

　いくつか復習問題を出した。
　まず，いつも描いているのとはほんの少し変化させた図を書いた。

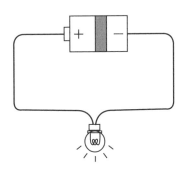

> 電気はどのように流れるか，赤鉛筆で書いてごらんなさい。

　子供たちは，ノートに図を写し，赤鉛筆で電流の流れを書いた。次に，発表させた。

「黒板の図に，赤鉛筆で電気の流れを書いてごらんなさい。」

　理科の苦手な子が率先して手を上げているのに驚いた。指名すると，ちゃんと正しい電気の流れを書くことができた。2つ目と3つ目は，第7時とまったく同じ回路を書いた。みんなよく覚えていた。それぞれの回路で，電流の流れを確認した。

◆オリジナルの回路を考える

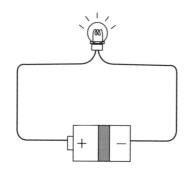

> 今度は，みんなに図を考えてもらいます。基本的な回路は，これです。この回路に，導線を1本足して，別の回路を考えなさい。

　子供たちは次々に回路を開発していった。

　子供が考えた回路は，大きく2つに分けられる。1つは，明かりのつく回路。もう1つは，明かりのつかない回路である。

　さらに細かく見ていくと，私の回路を少し変形させただけの回路もあるし，また，私の回路とはまったく異なる回路もある。

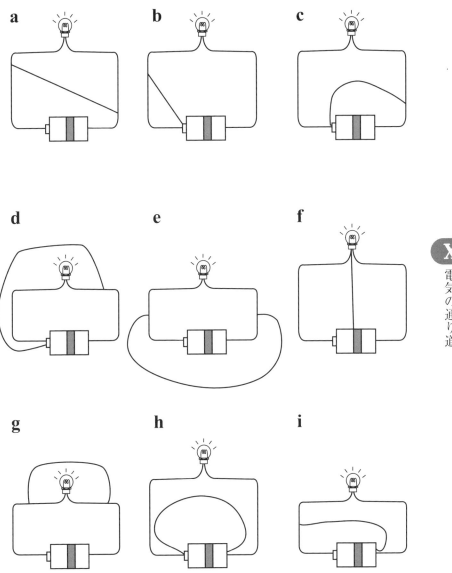

❖検証の順番は教師が決める

　最初に確かめるべきは，私の回路を少し変形させただけの回路である。まず確かめたのは，**a**の回路。何人かが言った。

「これは先生の回路と同じことだ。」

　次の手順で確かめた。

　　①図をノートに描かせる。

　　②赤鉛筆で，電気の流れを描かせる。

　　③黒板の図に，電気の流れを何人かに描かせる。

　　④理由を発表させる。

　　⑤実験（子供実験か教師実験）で確かめさせる。

　次に確かめたのは，子供の意見の中では異質の回路である。図でいうと**f**である。導線を，乾電池の横につないでいる。電気は＋から－に流れるが，ひょっとしたら，乾電池の横から戻るかもなどと考えている子が，少数だがいた。確かめると，明かりはつく。つまり，乾電池の横の導線には電気は流れない。

　3つ目に確かめたのは，**i**の回路。これも，今までの回路とよく似ている。ほぼ全員が，明かりがつかないと主張した。事実，明かりはつかない。電気が通りやすいほうを通ったため，豆電球には電気が流れなかったのである。

　a, **f**, **i**を確かめ，残った回路は，次の６つ。

　　明かりのつく回路：b

　　明かりのつかない回路：c, **d**, **e**, **g**, **h**

　明かりのつく回路は，もう少し複雑にしてから，次の時間に子供に提示する。明かりのつかない回路は，いちばん難しいと思える**g**を代表させて，確かめさせる。

考えた回路を確かめる

❖残りの回路を検証する

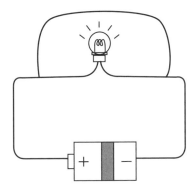

> このつなぎ方のときに，豆電球の明かりはつくでしょうか。明かりが
> つくと思う人は○，つかないと思う人は×をノートに書きなさい。

　毎回，実物を提示することが大切だ。なんと，全員が×であった。
かなり回路を見抜けるようになっていることに驚いた。

　理由を 10 人ほどに発表してもらった。発表の一番手は，クラスでい
ちばん学習の苦手な子であった。堂々と，黄色で，電流の流れを書く
ことができた。

「では，これは，昨日やった回路と少し似ているので，先生がやって
見せます。」

　全員が同じ予想である。ほぼ同じ問題なので，教師実験をして結果
を確かめた。明かりはつかない。電気は，楽なほうへ回り道をしたの
である。

◆💡複雑と思える回路を検証する

さらに確かめていく。

「このつなぎ方では，明かり
がつくでしょうか。つかない
でしょうか。」

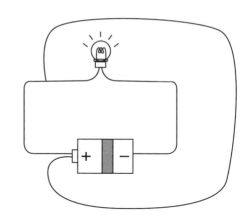

これも実物を提示する。

「明かりがつくと思う人は○，
つかないと思う人は×を書き
ます。」

○が22人，×が7人であっ
た。×と考えた子は，「＋から
＋へ行く」と考えた。すぐに反論が出て，「＋から＋へ流れるのはおか
しい。＋から－へと流れるはずだ」となった。結果は，「明かりがつく」
である。

3問目は，2問目と似ている
回路である。多くの子が，「明
かりはつかない」と主張。

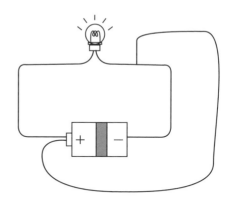

電気の流れ方の原則がわか
っていれば，誰でも判断でき
ることがわかった。

基本的な知識があれば，活
用は可能である。知識の活用
をしたいという子に育てる秘
訣は何か。それは，学んだ知
識を使って問題を解けるようになった経験をさせることなのである。

余った時間でそのほかの回路も確かめさせた。

電気を通す物を調べる

✊テスター作り

　最初に，テスターを作った。

　市販のものを作成するが，1つだけ工夫する。それは，テスターの先に金属をつけるのはご法度だということだ。むきだしの導線にしておく。そもそも，何が電気を通すかわかっていないのに，テスターの先に金属がついているというのはおかしい。

✊物をどれだけ用意できるか

　「電気を通す物調べ」の実験の時には，さまざまな物を用意する。物は，できるだけたくさん用意することが大切だ。物があれば，理科の授業は活性化する。

X

電気の通り道

用意した物は次の通り。

　　ハンガー，アルミホイル，わりばし，釘，モール，針金，空き缶，
　　空きびん，缶のふた，びんのふた，ボールペン，文鎮，クリップ，
　　ピン，スプーン，つまようじ，ホッチキスの芯，給食のおぼん

釘や針金など，数種類用意した物もあるので，かなりの数になって
いる。黒板の前の机に，ずらっと用意した物を並べた。これに加え，
教室にある物は使ってよいこととした。お金は，教師が実験して確か
めてみせるとよい。

💡電気を通したり通さなかったりする物を交ぜておく

ここで，少々曖昧な物を交ぜておくとおもしろい。

曖昧な物とは，ある部分は電気を通さなかったり，ある部分は電気
を通したりする物である。例えば，はさみ。また，塗料が塗ってある
金属も，曖昧なものの1つだ。ほかには，金紙，アルミ缶。明かりが
ついた子とついていない子が出て，大騒ぎになる。

💡検証前の注意点を確認する

気をつけることは2点。

まず，危険な行為はしないこと。テスターをコンセントに入れては
いけないことを言っておく。

さらに，テスターが正しく作れているかを確認する。豆電球がはず
れかかったまま，検証作業をしている子もいる。当然，結果が違って
くる。

この2点に気をつける。

💡たっぷりと実験させる

あとは自由に確かめる時間。たっぷりと実験をさせるのが大切だ。
子供たちは，嬉々として実験に取り組む。
「こんな物が電気を通すんだな〜。」
「あれ？　これは電気を通すと思ったんだけどな……。」

などとさまざまなところで声があがる。自然と討論が始まっている。
「これは，通さないよ。」
「いや，鉄のところにすれば通るよ。」
「導線と導線がついているんじゃないの？」
「いや，少しは離れているよ。」
などと話し合っている。

結果をノートにまとめさせる

電気を通すか通さないかで考えると，次の３つに分かれる。
　　①電気を確実に通す物
　　②電気を通さない物
　　③どちらかよくわからない物（明かりがついたと言っている子と
　　　つかないと言っている子がいる）
確かめた物は，①～③の３つに分けてノートに整理するように言う。

わかったことをどうまとめるか

「③どちらかよくわからない物」は，さらに２つに分かれる。
　　・やり方が悪いからつかなかった物
　　・塗装などの理由で絶縁されていてつかなかった物
「やり方が悪いからつかなかった物」は，教師が確かめてやればよい。
ここで扱うとごちゃごちゃするのは，「塗装などの理由で絶縁されてい
てつかなかった物」だ。これは次の時間に扱う。この時間は，「①電気
を確実に通す物」だけを扱えばいい。

　結果は，黒板に書かせていく。「①電気を確実に通す物」を見て，わ
かったことや気付いたこと，思ったことを発表させる。次に，「○○な
ら電気を通す」といった言葉にまとめる。この時に，金属という言葉
が出たら，金属とは何かを辞書で調べる。最後に，教師が金属という
言葉を説明すべきである。

　金属とは，磨けば光る物をさすこと。

　金属とは，１つのグループの名前であること。

・ぶどう，桃，りんご，なし，みかん　→　果物

・鉄，アルミニウム，金，銀，銅　→　金属

このようにまとめてやればわかりやすい。

次の時間には，塗装がしてある物を確かめていく。

・空き缶とやすりで削った空き缶

・金紙と銀紙

この2つを確かめるとよい。

第11時

金属でも電気を通さないのはなぜか

◆子供の意見の食い違いを検証する

　前回の授業で問題となったことがあった。「金属なのに，電気を通さない物がある」というのである。例えば，ビンの王冠。ハンガーやジュースの缶も明かりがつかないという。

　まず，確認したのは，ハンガーである。ハンガーは金属でできている。なのに，テスターで確かめると，豆電球の明かりはつかない。これはなぜなのか。

「ビニールが貼ってあるから。」

という意見が子供から出た。そこで，はさみを使って，ハンガーのビニールを取っていった。すると，中から金属が出てきたのである。テスターで確かめると，明かりはつく。子供が叫んだ。

「導線のビニールをはがした時と同じだ！」

　次に確かめたのは，王冠である。

王冠は金属です。でも，明かりがつきません。なぜですか。

　先ほどとよく似ているので考えることができる。

「色が塗ってあるから。」

という意見が出た。 やすりで磨くと，塗装がはがれて，中から金属が出てきた。子供たちから「すごい！」と声があがった。テスターで確かめると，電気を通すことがわかった。

　ここまでやれば，あとは簡単である。アルミ缶も，塗料がじゃまをして，電気が流れなかったことがわかる。

◆知識を活用する場面を用意する

　最後に，銀紙を提示した。銀紙は，電気を通す。

　しかし，金紙は電気を通さない。金紙は，実は銀紙に塗料を塗っただけのものなのだ。塗料がじゃまをして電気が流れなかったのである。

　金紙をやすりでこすると，銀紙が出てきた。もちろん，電気を通す。子供たちから感動の声があがった。

参考文献

『楽しい科学の授業シリーズ　仮説実験授業研究12　電池と回路』板倉聖宣著
仮説社　1977
『「参加型板書」で集団思考を深める　4理科編』小林幸雄著　明治図書　2004

X
電気の通り道

XI

磁石の性質を調べよう

全部見せます
小3理科授業

XI　磁石の性質を調べよう

　本単元では，「疑問を見つけ，仮説をもちながら，追究していく力」を身に付けさせることを目的とした。

　磁石にたっぷりと触れる中で，疑問や意見の食い違いを発見する。解決すべき問題が見つかったら，その問題に対して，「自分で」，「実験方法を考えて」，確かめる時間をとる。

　自分で実験方法を考えて確かめる前に，問題に対する自分の考えをノートに書かせる。例えば，「磁石のまん中は何なのか？　磁石のまん中は鉄だと思う。なぜなら，ほかの鉄を引きつけないからだ。」のように書く。これが，仮説となる。仮説があるから，自分で実験方法を考えて検証する時にも，その仮説に沿って実験方法を考えることができる。

　意見が食い違ったら，随時，討論を行う。例えば，仮説が食い違った場合。実験の結果が食い違った場合。結果から導かれる結論が食い違った場合。そのたびに討論を行う。討論をするためには，子供の意見をそのつど，確認しておかなくてはならない。子供の疑問は，ときに発展的な内容をも含む。その場合は，発展学習として，探究させていくようにする。

　なお，本単元で学習して身につけた知識と技能は，第5学年「電流がつくる磁力」の学習において活用することができる。

習得させたい知識

1 物には，磁石に引きつけられる物と引きつけられない物があり，鉄はよく引きつけられること。
2 磁石に引きつけられる物には，磁石につけると磁石になる物があること。
3 磁石の異極は引きつけ合い，同極は退け合うこと。
4 磁石は，離れていても遮られていても，磁力が働くこと。
5 磁石は自由に動かせるようにしておくと南北の向きに止まること。

習得させたい技能

1 磁石につく物とつかない物を表にまとめて整理することができる。
2 磁石を操作する活動の中で，疑問を見つけることができる。
3 自分の疑問について自分なりの実験方法を考えて確かめることができる。
4 問題に対する自分の仮説をノートにまとめることができる。
5 考えが分かれた課題について，自分の意見を主張することができる。

単元実施計画

時　間	学習内容と指導方法の重点
第1時	【習得】磁石を使って遊ぶ
第2時	【習得】5種類の磁石を使って遊ぶ
第3時	【習得】物を増やしてさらに磁石を使って遊ぶ
第4時	【習得】発見を共有する
第5時	【活用】磁石に引きつけられる物と引きつけられない物
第6時	【活用】磁石の極探しに挑戦する
第7時	【探究】方位磁針の謎を解決する
第8時	【活用】磁石についていた鉄は磁石になったのか
第9時	【探究】磁石の種類による磁力の違いを調べる
第10時	【探究】磁石のまん中は何でできているのか
第11時	【探究】割った磁石の極はどうなっているのか

磁石を使って遊ぶ

◈遊びの中で磁石に関する情報を蓄積させる

「今日はいい物を持ってきました。」

　こう言って，磁石を見せた。

「うわ～。磁石だ！」

「やった～。」

「おもしろそう。」

などの声。

> 今日は，磁石を使って遊んでもらいます。ただし，机から離れてはいけません。

　こう言って，磁石を配った。1人に1つの磁石である。最初は，物の数を限定する。さらに，机から離れてはいけないので，実験方法も限定されることになる。

　磁石1つだけだとやることは限定される。何が磁石に引きつけられるのかを見つけている子供が多かった。子供たちは，机の中からのりやはさみを出して，磁石につくかどうかを確かめ始めた。そのうち，隣の子と一緒に，磁石と磁石を引きつけて遊ぶ子も出てきた。実験道具が限定されているので，磁石2つで何かをしようとしたら，隣の子と協力するしかない。

　こうして，最初の1時間は，磁石を使ってたっぷりと遊んだ。遊んだといっても，一応の方向性はつけられているのである。

◈気付いたことをなんでもノートに書かせる

　活動中に，「先生，気付いたことをノートにメモしていいですか！」と声があがったので，「すばらしいです。」と力強くほめた。そうすると，

次々とほかの子もノートを広げ，気付いたことを書き始めた。

　授業終了の 10 分前になって，遊びをやめさせた。

> 磁石を使ってみて，わかったことや気付いたこと，思ったことをノートに箇条書きにしなさい。

　最後の 5 分間で発表させた。発表は，磁石を持って実物を見せながらするように指示した。

　限定された中でも，自由に活動させると，いろいろなことに気付くものである。いちばんおもしろい発見だったのは，「静電気を帯びた物が磁石に引き寄せられる」という現象である。髪の毛を下敷きでこすって，静電気を起こす。逆立った髪の毛に磁石を近づけると，髪の毛が動くのである。鉄でなくても，磁石に反応することに，子供たちはビックリしていた。

　主な気付きは次の通りである。

　　①はさみやイスに磁石がくっつく。

　　②磁石と磁石が引き合ってくっついた。

　　③金属につくみたい？

　　④ゴムとか布は磁石につかなかった。

　　⑤教科書を間に挟んでも，鉄が磁石についた。

　　⑥磁石と磁石では，数 cm 離れていても物を動かすことができた。

　　⑦ S とか N とかの文字が書かれてある。

◆教えるべき内容は早めに教える

　この時間で教えたのは，磁石には S 極と呼ばれる部分と N 極と呼ばれる部分があるということである。

　1 時間目での問題は，子供が「金属なら磁石につく」と勘違いをしているところである。「金属が電気を通す」という原則が，「磁石」においても使えると思っている。

　ここでは，まだ答えは出さなかった。

５種類の磁石を使って遊ぶ

◆意図的に遊びの方向性を導く

2時間目は，磁石の数を増やした。それも，いっきに5種類である。丸型磁石，ゴム磁石，U磁石，棒磁石，リング型磁石である。

今回も，席に座って磁石で遊ばせた。

> ５種類の磁石を使って遊んでもらいます。ただし，机から離れてはいけません。

自由にさせているが，一応の方向性はつけている。つまり，1時間目は，磁石に何がつくかを確かめている子が圧倒的に多かったのに対し，2時間目は，磁石で遊ぶという子がほとんどだったのである。

◆子供の気付きを効率的に共有する方法

遊びが30分。気付いたことを書く時間が5分。紹介する時間が5分である。全員が気付いたことを発表するのは，5分では到底できない。そこで，次の工夫を行う。

まず，第1時と同じように，気付いたことがあれば，そのつどノートにメモをさせておく。

> いろいろと試しているうちに，気付いたことがあれば，忘れないようにノートにメモしておきなさい。

そして，活動中の気付きで，これはおもしろいと思ったものがあれば，教師に言いに来させるようにする。

> 何かおもしろいと思った発見があれば，先生のところに言いに来なさい。

　このように指示することで，自由に遊んでいる中でも，子供の発見がだいたいつかめる。子供たちは，発見をするたびに，私のところに言いに来る。

　最後に，もう一度，ノートに気付きをまとめる時間を5分間とる。この5分間で，すでにノートに気付きをまとめている子に，黒板に気付きを書かせていく。

　そして，黒板に書いた子に発表させる。

> 黒板に書かれた発見以外のことを見つけた人？

　このように言って，その他の発見も確認する。これで，ほとんどの発見が発表されることになる。

◆子供の気付き

　ほとんどの子が気付いていたのは，次の3点である。

　　①磁石の同じ極は退け合う。

　　②磁石の違う極は引きつけ合う。

　　③磁石は遠くからでもパワーを発揮する。（中に何かを挟んでいても，力は消えない。）

　おもしろい発見が3つ出た。

　　①磁石のまん中は磁石につかない。

　　②N極とN極がそんなに反発しないときもある。

　　③磁石によってパワーが違う。

　中には，引き続き，磁石につく物は何かにこだわっている子もいた。「プラスチックは磁石につかない。」とノートに書かれてあった。

その他，子供の主な気付きは次のとおり。

①指を挟んでも，磁石が引き寄
　せられて，指にくっつく。

②磁石には全部パワーがある。

③鉛筆にリング型磁石を通し
　て，空中に磁石を止めてお
　くことができる。

④消しゴムの厚さでも，磁石の
　パワーは通って，伝わって
　いた。

⑤同じ極の磁石をぴったり近づ
　けて手を離すと，すごいス
　ピードで離れていく。

第2時になって，おもしろい発見がかなり出てきた。磁石に関する
疑問も出ていた。

第3時

物を増やしてさらに磁石を使って遊ぶ

🧲 磁石に引きつけられる物を増やす

　3時間目は，5種類の磁石に加え，さらに磁石に引きつけられる物も
多数用意した。用意したものは，釘，10cm の鉄の棒，モール，クリップ，
砂鉄，方位磁針，である。釘などは小さな物をたくさん用意するとよい。
その他，自分で用意できる物は使ってもよいこととした。家から磁石
を持ってきている子もいた。

> 今日も，磁石を使っていろいろと試してごらんなさい。

　活動中に，気付いたことは，ノートに書かせていった。

鉄の磁化に関する発見

　使える物がかなり増えているので，これまでと違った気付きが多数あった。

　まず，磁石に鉄をしばらくつけていると，磁石から離れた鉄が磁石になることである。これは，10人程度が気付くことができていた。

　また，磁石についた釘が，次々と連結することに気付いている子もいた。さらに，磁石についた釘で，磁石を持ち上げることができることを発見した子もいた。

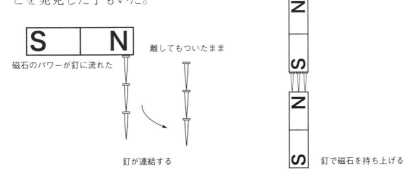

磁石のパワーが釘に流れた

離してもついたまま

釘が連結する

釘で磁石を持ち上げる

　つまり，子供は，次の3つの発見をしていることになる。

①磁石から離した鉄が磁化している。

②磁石についた鉄に鉄がついている。「磁石から鉄に電気のように磁石のパワーが流れたんだ！」と説明する子もいた。

③釘で磁石をつなげることができる。

方位磁針を使った発見

　さらに，方位磁針が磁石に反応することを発見している子が多くいた。

　方位磁針の北をさす赤いほうが，S極と引き合うのか，N極と引き合うのかで，意見が分かれていた。

⬦磁力の強さに関する発見

　磁石のパワーが磁石によって違うことを調べている子がいた。しかも，おもしろい発見があった。磁石のパワーは，磁石の数によって変えられるということに気付いたのである。

磁石の数が多いほど磁力は強い

　磁石のパワーを調べる方法を開発した子もいた。同じ極を近づけて，どれぐらい離れるかで，磁石のパワーを測るのだという。

　発見したことはノートに書いていく。そして，これはすごいと思える発見があれば，教師にも言いに来るようにしている。私に発見を伝えに来たのは，15名。

　最後にもう一度，ノートに発見を書く時間をとった。

⬦発見が多岐にわたっている場合の発表のさせ方

　発見がかなり多かったので，隣どうしで発見したことを紹介し合った。とにかく，発見したことを人に伝えていくようにする。伝えるためには，ノートにメモをとっておかないといけない。

　隣どうしで発見したことの交流をさせたあとに，指示した。

> お隣さんの発表で，自分では気付けなかったな，へんだな，おもしろいな，と思った発見があれば手を上げなさい。

　隣の人がよい発見をしているという人に，挙手させた。挙手した子に，説明させた。よい発見を「聞いた子」に発表させたのである。こうすると，友達の発見は一生懸命聞かないといけないという意識が育つ。なにせ，発見した本人ではなく，発見を聞いた子がその発見を説明しなければ

ならないからだ。補足説明があれば，発見者に説明させる。

　こうして，3つのペアに発表させたところで，チャイム。どんな発表をしても，発表のたびに私が大げさにほめるので，次から次へと発表希望者の手が上がった。だが，時間切れでチャイムが鳴ったので終了。

　大切なのは，これらの発見を全員で共有することだ。1人が発見したことを1人しか知らないのであれば，集団で学習している意味がない。

　時間がなかったので，次の時間へ持ち越しとなった。

第4時

発見を共有する

◆発見をカードに書かせる

　前回発見したことで，まだ発表されていないものを，紹介させた。ひととおり発表させたあと，指示した。

> 今までの実験全部で，磁石について発見したことや，思ったこと，疑問を紙に書いてもらいます。カード1枚につき，1つ書きなさい。

　趣意を説明した。

「今までの実験の中で，気付いたことをノートに書いてきました。それを，もう一度カードに書いてもらいます。あとで，似ているカードは仲間にして，分けてもらいます。みんなが，どういう発見をして，どういう疑問をもっているかを確認するのです。自分が人に伝えたいと思う発見や疑問から先に書いていきなさい。」

　カードに書かせるのは，理由がある。3回の実験の中で，子供の発見は進化している。子供が気付いた数多くの発見の中でも，特に，自分がよいと思える発見を書かせるようにする。しかも，書かせる時間は，25分程度と限定する。すると，「まだ，みんなが気付いていないような発見」，「人が発見していないような気付き」から優先的に書いていく

ようになる。

　カードに気付きを書かせている時に，磁石を操作してもよいことにした。改めて，自分の気付きを振り返ることができるようにである。

気付きを分類させる

　カードに書かせることで，「子供の気付き」の分類が可能である。

　4人班を作りなさい。これからカードを仲間分けしてもらいます。似たようなカードは，セロハンテープでまとめていきなさい。

　まずは，子供たちに分類させる。分類するためには，4人班の全員の発見を共有しなくては無理である。

　分類をして，授業が終了となった。

子供が分類した後に教師がチェックする

　最終的な分類は，教師が行う。分類は，習得させたい知識で行うとよい。

　習得させたい知識は5つあった。

　①物には，磁石に引きつけられる物と引きつけられない物があり，鉄はよく引きつけられること。

　②磁石に引きつけられる物には，磁石につけると磁石になる物があること。

　③磁石の異極は引きつけ合い，同極は退け合うこと。

　④磁石は，離れていても遮られていても，磁力が働くこと。

　⑤磁石は自由に動かせるようにしておくと南北の向きに止まること。

　子供が3時間の実験を行う中で，どれぐらいの発見をしているのかを調べるわけである。分類した気付きを見ながら，子供の意見の食い違いをも見つけることができる。

　さらに，「疑問」も子供に書かせている。子供がどんな疑問をもって

いるのかを確認できる。疑問がたくさん出れば，その疑問を解決するような授業を進めていくことが可能である。

◆子供の気付きの分布を確認する

子供の気付きの分布は次のようになった。

①磁石が鉄を引きつけること　→カード56枚

②鉄の磁化について　→カード9枚

③磁石の異極は引き合い，同極は退け合うこと　→カード69枚

④距離・遮断があっても磁力は働くこと　→カード21枚

⑤磁石は南北の向きに止まろうとすること　→カード19枚

おもしろいと思ったのは，「鉄は，磁石のS極にも引きつけられるし，N極にも引きつけられる。」という意見である。

あたりまえの前提と思えることでも，子供にとっては1つの立派な発見である。

◆子供の意見の食い違いを確認する

意見の食い違いもいくつかあった。例えば，鉄だけが磁石につくという子と，鉄以外の金属も磁石に引きつけられるという子である。

意見の食い違いでおもしろいと思ったのは，方位磁針の赤いほうに，磁石のN極がつくのか，それとも，S極がつくのかで意見が分かれていた点である。弱い磁石は，強い磁石によって，極が反対になってしまうということが学習できる。

◆習得させたい知識以外の意見

そのほか，習得させたい知識以外のことに気付いているカードは，24枚あった。

例えば，磁石の強さが磁石によって違うこと，磁石にはゴムでできている物などいろいろな種類があること，砂鉄を使えば磁石の力の様子を見ることができること，などである。

◆子供の疑問を確認する

さらに，疑問を書いたカードも，24 枚あった。

主な疑問では，次のようなものが出ていた。

①磁石のまん中に釘がつかないのはなぜか。

②磁石のまん中に磁石がつかないのはなぜか。

③丸い磁石のＳ極とＮ極がどこかがわからない。

④どの磁石がいちばん磁石の力が強いのか。

⑤同じ極なのに，あまり退け合わないときがある。

⑥砂鉄は，磁石にはつくけど，鉄にはつかない。

⑦方位磁針を磁石で動かせるのはなぜか。

⑧普通は，同じ極だと退け合うけど，Ｕ磁石と，棒磁石の同じ極
を近づけると，あまり退け合わな
いのはなぜか。

「同じ極なのに退け合わない。」「同じ極
なのに引き合う」といった現象がたまに
見られることがある。これは，磁力が弱
い磁石でときに見られることである。

同じ極なのにあまり退け合わない

◆子供の認識から学習計画を立てる

子供の気付きをもとに，次のような学習計画を立てた。

子供に疑問を探究させる授業では，子供の意見の食い違いや疑問が
出発点となる。子供の意識をもとに単元の計画を組み直していくよう
にする。

大まかに次の計画を立てた。

①磁石に引きつけられる物は何か。

②方位磁針が磁石に反応するのはなぜか。磁石と方位磁針は同じ
なのか。方位磁針の赤いほうには磁石のどちらの極がつくのか。

③磁石につけておいた鉄は磁石になったのか。

④磁石の種類によって，磁石の強さに違いがあるのか。

⑤磁石のまん中は何か。

ただし，これはあくまで予定であって，授業を展開していくうちに，変化させていくべきものである。子供がどう認識しているかによって，指導計画を変化させる柔軟性が必要である。

北と南をささないコンパス

　方位磁針が狂ってしまうと，南北ではないまったく別の方角をさしてしまうことがある。これは，狂ってしまった方位磁針が水平にならないからである。

　なぜ，水平にならないのかと言えば，実は針の北をさす赤いほうを軽く作ってあるからなのだ。北をさす方位磁針の針をなぜ軽くしてあるかというと，地球の地磁気の磁力線が理由である。北に向けた磁力線は水平よりも下を向いている。だから，北をさす赤いほうを少し軽くすることで，水平になるようにしているのである。ところが，狂ってしまった針は，南をさす針（重いほう）が北を向き，ますます下に下がってしまい，水平にならない。だから，変な方向をさしてしまうことがあるのだ。

第5時

磁石に引きつけられる物と引きつけられない物

◆意見の食い違いを明確にする

　最初に，意見の食い違いを紹介した。

> 磁石には，鉄だけがつくと言った人がいます。磁石には，金属がつくと言った人もいます。磁石には，電気が流れる物がつくと言った人もいます。

　ここで，金属の定義をもう一度確認した。

「金属というのは，例えば『アルミニウム』，10円玉に使われている『銅』，ほかには『金』や『銀』なんかがあったよね。」

　そして，「アルミホイルは磁石につくのかな？」と言って，アルミホイルを取り出した。

　ほかにも，導線やアルミ缶なども見せた。電気が流れる物が磁石に

つく物だと考えている子もいたので，豆電球のときに使った道具をもう一度持ってきたのである。

> 磁石には，何が引きつけられるのでしょうか。つく物とつかない物を確かめて，ノートに書いていきなさい。

子供たちは，自分の身のまわりの物や，教室の物，私が用意した道具などに磁石が引きつけられるかどうかを確かめ始めた。

なんとなく鉄だけが磁石に引きつけられると思っている子も，スチール缶は磁石につくのに，アルミ缶は磁石につかないことには驚いていた。また，磁石につくと思っていた「窓枠」や「黒板のレール」などが磁石にまったくつかないことを知って驚いていた。

◆ノートにまとめられた子から黒板に１つ書かせていく

磁石に引きつけられる物と，引きつけられない物とに分けて，ノートに書かせた。3学期になると，表に書くこともだいぶ慣れてきたという感じになる。

磁石に引きつけられる物と，引きつけられない物は，ノートにまとめられた子から，黒板に書かせていけばよい。

黒板を２つに分けて，１人１つずつ，引きつけられる物と引きつけられない物とを黒板に書かせていく。

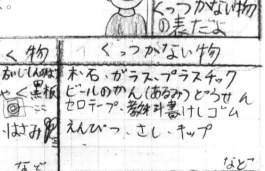

198

❻素材が何かを教師がはっきりさせる

　この時，素材は何かを確認すると，何が磁石に引きつけられるのか
がよりはっきりする。例えば，「教室の壁は磁石につかない」ではわか
らない。このようにする。

　　・教室の壁（木）は，つかない。

　　・黒板（鉄）は，つく。

　　・ビールの缶（アルミニウム）は，つかない。

　そうして，黒板に「磁石に引きつけられる素材」と「磁石に引きつ
けられない素材」が黒板に提示されることになる。

❼お金は磁石につくか

　ここで，「お金が磁石につく」と考えている子もいたので，実際には
どうなのかを確かめた。お金は教師が扱うようにする。なくなったり
すると大変だからだ。私が，演示してみせた。

　強い磁石なら，水に浮かべた1円玉を動かすことができる。だが，
磁石につくかどうかと問われれば，磁石にはつかないが正解である。1
円玉も，5円玉も100円玉も500円玉も，磁石にはつかない。

　それぞれ，素材となっている金属を書いた。

　　・1円玉（アルミニウム）は，つかない。

といった具合である。そのほかの硬貨は，多くが銅を使用して作られ
ている。ただし，一部にニッケルが使われている硬貨がある。ニッケ
ルは磁石につく。しかし，ニッケルの量が少ないので，お金は磁石に
つかないのである。お金がどんな素材で作られているのかは，「通貨の
単位及び貨幣の発行等に関する法律施行令」で確認できる。

　最後に，おまけで，私がつけている指輪が磁石につくかどうかを確
かめた。指輪は，プラチナでできている。これも金属である。だが，
磁石にはつかない。

⑥情報を解釈させる

> 黒板に書かれた，磁石に引きつけられる物と引きつけられない物を見て，気付いたことや思ったことをノートに書きなさい。

さまざまな意見が出る中で，「鉄が磁石につく」という意見が出た。金属がつくと考えていた子も，鉄なら磁石によくつくのだということがわかった。

磁石の極探しに挑戦する

⑥磁石の極の性質をもう一度振り返らせる

本時で，S極とN極探しをさせた。

まず，同じ極どうしが退け合って，違う極どうしが引きつけ合うことを確認した。これは，気付いている子や知っている子がほとんどであった。「知ってるよ！」「わかってるよ！」などと自信満々の子供たちである。

だが，念のために，次の3つの問題を解かせた。

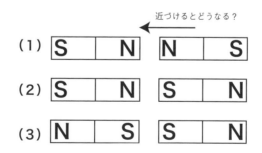

近づけるとどうなる？

(1) S N N S

(2) S N S N

(3) N S S N

「簡単，簡単」と言いながら解き始める子供たち。だが，全員がわかっていると思っていたが，やはりまちがっている子がいた。「同じ極だと退け合う」，「違う極だと引きつけ合う」ということがわかっていても，問題を解くとなると，まちがってしまう。だから，子供が「わかって」いても，「問題を解く」という経験はさせておかなくてはならない。

　おそらく，「現象を理解する」という行為と「問題を解く」という行為とでは，難易度がほんのわずか異なるのだと思う。問題を解く過程では，「問題を理解する」，「問題に自分の知っている知識をあてはめる」，というようにステップが多くなるのだろうと思う。このほんのわずか，難易度が上がってしまうとできない子もいるので，簡単そうに見える問題でも，きちんと解かせてみて，できるかどうかを確認しなくてはならない。

　まちがっていた子は，
「しまった！」
「なんでまちがったんだろう？」
などともう一度，自分の知識と照らし合わせて考え込んでいる姿も見られた。

⑥極が書かれていない磁石で極を判定させる

　次に，S極とN極が書かれていない磁石で，極を考える活動をした。

> リング型磁石とゴム磁石，そして丸磁石には，極が書かれていません。
> 極を調べて，極のシールを貼りなさい。

　子供たちは，われ先にと活動し始めた。

　やはりここでも，勘ちがいが見られた。「N極につくから……N極だな。」と言いながらシールを貼っている。あとになって，「しまった反対だった！」などと言って，シールを貼り直していた。

◈次の時間にすることを確認する

　最後に，方位磁針の赤いほうを引きつけるのは，どちらかを尋ねた。これは，みごとに半々に分かれた。S極が引きつけるという子もいたし，N極が引きつけるという子もいた。

　大混乱の中で授業を終えた。放課後になって自分で調べている子もいた。

　わからないまま終わるというのも大切な工夫である。疑問があるから，子供たちは調べようとするのだ。

方位磁針の謎を解決する

◈磁石の定義を確認する

　最初に，磁石の定義を確認した。

> 磁石とはどんなものでしたか。

　①磁石は鉄を引きつける。
　②磁石にはS極とN極がある。
この2つを確認した。

> 方位磁針は磁石ですか。磁石だと思う人はノートに○を，磁石ではないと思う人はノートに×を書きなさい。

　○が12人，×が18人であった。
　理由を簡単に書かせ，発表させた。

❻証拠を実験で探させる

> 方位磁針が磁石だと思う人は，磁石だという証拠を探しなさい。方位磁針が磁石ではないと思う人は，磁石ではないという証拠を探しなさい。

　方位磁針のケースは，はずすことができる。釘が，方位磁針の赤いほうにつくことを，子供たちは確認した。「鉄を引きつける」ということは，方位磁針は，磁石の定義とした①の条件はクリアである。

　問題は，方位磁針の針にS極とN極があるのかどうかということだ。これを確かめるのが意外に難しい。強い磁石を近づけると，S極でもN極でも，どちらもくっついてしまう。だから，磁石を離れたところから徐々に近づけていって，N極にどう反応するか，S極にどう反応するか，を調べればよい。磁石に特有の反応が起きれば，方位磁針が磁石だということになる。

　方位磁針は，明らかにS極に引きつけられる方と，N極に引きつけられる方とに分かれる。ということは，方位磁針の針は磁石である。

❻針の赤いほうは何極なのか

　だが，これで問題が全部確かめられたわけではない。方位磁針の赤いほうが，N極に引きつけられる子と，S極に引きつけられる子がいるからだ。

> 方位磁針が磁石だということはわかりました。でも，方位磁針の赤いほうを引きつける極が，なぜみんなバラバラなのかがわかりません。いろいろ試してごらんなさい。

　5分ほどして，3人が気付いた。
「磁石の極が逆転する！」
「極が反対になったぞ！」
　方位磁針に磁石をつけて確かめるとわかる。弱い磁石は，強い磁石に影響されて，極がまったく反対になってしまうことを教えた。

⑤ 磁石を水に浮かべて確かめさせる

　最後に，磁石を水に浮かべて，本当にN極が北をさすのかを確かめた。

「本当に北を向いたぞ！」

と教室じゅう，感動に包まれた。地球は大きな磁石で，磁石のN極は北を向くのだと，簡単に説明した。

第8時

磁石についていた鉄は磁石になったのか

---

⑥ 子供の意見の分布とその理由を確認する

　引き続き，子供の疑問を解決していく。

> 磁石についていた鉄は，磁石になるのでしょうか。なると思う人は○，ならないと思う人は×を，ノートに書きなさい。

　○が20人，×が10人であった。ならないと主張していた子は，鉄にS極とN極などないと理由を説明した。

⑦ 実験方法は任せて子供に検証させる

> 磁石につけておいた鉄が磁石になるのかならないのか，証拠を探しなさい。

　さっそく確かめた。

　磁石にしばらくつけておいた鉄は，鉄を引きつけるようになる。鉄が鉄を引きつけるようになることは，第3時の活動の中で発見している子が多かった。

　問題となったのは，「鉄を引きつけるようになった磁石に極ができるのか？」ということである。子供たちは，「極を確かめるための方法」をいろいろと考え出した。1つでも方法を考えて，なんらかの発見を

したら，まず私に教えることになっている。私は子供の説明を聞いて，わからないことを尋ねたり，不備な点を指摘したりする。そうして，はっきりとした実験方法を確立し，疑問を解決した子がちらほらと出てくる。

　早く解決した子には，どう実験をしたのかを，黒板に書かせた。実験方法が思い浮かばない子は，黒板を参考にしてもよい。

◆子供が考えた実験方法

　子供たちが考えた実験方法で，代表的なものは，「磁化された鉄を方位磁針に近づける」という方法である。確かに，よく見ると，磁化された釘の一方は，方位磁針の針を退ける働きをする。そして，反対の方は方位磁針の針を引きつける。この現象から，釘は明らかに極をもったといえる。だが，これだとうまくいかないこともある。磁化された釘よりも，方位磁針の針の磁力のほうが強くて，極に関係なく釘が方位磁針の針についてしまうことがあるのだ。

　そこで，編み出された方法が，磁化された釘を水に浮かべる方法である。

　磁化された釘を発砲スチロールに刺して，水に浮かべる。そして，

205

その水に浮いた釘に，磁化された釘を近づけると，極によって退け合ったり，引き合ったりするのである。子供たちは，この現象に大変驚き，飽きることなく確かめていた。やがて，どういう理由で磁化された鉄の極が決まるのかも問題となり，調べる子供も出てきた。

本時は，疑問を自分なりの方法で解決する授業であった。さまざまな方法が開発された。疑問を自分なりに開発した実験方法を用いて，解決していくという授業である。自分なりのやり方で解決した時の喜びはひとしおである。

第9時

磁石の種類による磁力の違いを調べる

◆ネオジム磁石を用意する

> 磁石によってパワーが違うことを発見した人がいます。磁石によって強さが違うのかどうか，確かめてごらんなさい。

フェライト磁石，ゴム磁石，ネオジム磁石を用意した。

ネオジム磁石は，世界最強の磁力をもつ磁石である。小さな物でも強い磁力をもっている。100円ショップでダーツの先についた物が売られている。

◆子供が考えた検証のための実験方法

子供たちは，磁石の強さを比べるために，次の実験方法を考えた。

①釘が何個つくかで磁力の強さを比べる。

②磁石と磁石の間に鉄を挟んで，綱引きをする。

ここで大切なのが，同じ大きさの磁石を使うということである。大きい磁石ほど，強い磁力をもつ。大きさをだいたいそろえるのは大切な実験技能である。条件の統一は5年生で育てたい実験技能である。3年生でも，教えていく。

ただし，ネオジム磁石は，小さな物でも明らかに磁力が強い。ネオジム磁石は高価なものである。そろえるなら，いちばん小さなネオジム磁石に大きさを合わせるとよい。

フェライト磁石は，ハンマーで小さく砕くことができる。ゴム磁石は，はさみで切ればよい。同じ大きさで比べるとわかるが，明らかに，ネオジム磁石の磁力が飛び抜けて大きいことに気付く。

◆巨大ネオジム磁石のパワーを体験させる

最後に，大きなネオジム磁石を見せた。黒板に貼ると，なかなかはがせない。また，ネオジム磁石のN極に，フェライト磁石のN極をつけようとしても，恐ろしいほど強い反発にあって，つけることができない。

子供に確かめさせると，驚いていた。こんなにも遠くから強く反発の力が働くことにビックリしたのである。目に見えないが，明らかに力が働いている。目に見えない力をこんなにも明らかに感じるという体験をさせてやりたい。

磁石のまん中は何でできているのか

◆子供から出た疑問を問題として取り上げる

> 磁石のまん中が磁石なのか，鉄なのかで疑問が出ていました。U 磁石のまん中は，何でできているのですか。ノートに書きなさい。

3つに意見が分かれた。
　①鉄　→28 人
　②磁石　→1 人
　③鉄でも磁石でもない金属　→1 人
　人数分布はかなり偏った。鉄だと考えた人が多かったのは，磁石のまん中に釘がつかないからである。

◆討論で意見を交流させる

「もし，磁石なら，釘がつかないのはおかしい。」
「S 極や N 極などの極がない。」
「磁石のまん中は，ほかの磁石の S 極にも引き合うし，N 極にも引き合う。」
「小さな磁石がまん中についた。」
という意見が出された。
　鉄でも磁石でもない金属で，「銅」という考えをもった子もいたが，「磁石のまん中がほかの磁石と引き合う」ということになって，「おかしい」となった。銅ならば磁石に引き合わないというわけである。
　まず，銅や鉛やアルミニウムではないことがはっきりした。圧倒的多数が「鉄」という意見だったが，鋭い反論が，「鉄でも磁石でもない金属」という意見の子から出た。
「まん中が鉄だとしたら，磁石と磁石の間に鉄が挟まっていることに

なる。磁石の近くにある鉄は磁石になる。すると，まん中に挟まれた鉄も磁石になって，釘を引きつけるはずだ。ところが，釘はつかない。それに，このまん中の部分に磁石をしばらくつけておいても，やはり釘がつかない。つまり，ここは鉄ではない。鉄だとしたら磁化して，釘を引きつけるはずだ。」

このように説明したのである。

この意見が出て，多少「鉄」派の子に動揺が生まれた。確かに，鉄だとしたら磁化しないとおかしい。

◆もう一度実験をさせて確かめさせる

ここで，もう一度実験の時間をとった。

どの子も，自分の説を強化するために，必死になって確かめていた。そうするうちに，ただ1人で「磁石だ」と主張していた子が前に出て，意見を言い始めた。

「発見しました。まん中に，U磁石のまん中に鉄を置いて，しばらく待ちます。すると，鉄は小さな釘を引きつけるようになりました。ということは，磁石のまん中によって，ついていた鉄が磁石になったということです。まん中は磁石だと思います。」

U磁石のまん中につけていた鉄が磁化したというのである。確かに，U磁石のまん中に鉄をつけていたら，その鉄は磁化する。鉄を磁化するのは，磁石以外にありえない……。

これで決定的な意見が出たかに思われたが，すぐさま反論が出た。

「磁石の近くに置いた鉄は，磁石になります。だから，U磁石のまん中に鉄をつけたとしても，すぐそばにU磁石の先があるわけだから，鉄が磁石になったのだと思います。」

つまり，すぐ近くにU磁石の磁石があるわけだから，まん中が磁石という証拠にはならないというのである。だんだんと討論が煮つまってきた。

整理すると，U磁石のまん中の部分は，次の性質をもっているのだ。

①磁石のN極にもS極にも引きつけられる。

②鉄を引きつけない。

③方位磁針を近づけても，反応しない。

ここまでは，鉄の性質をもっている。ところが……。

④磁化しない。

これらの性質をすべてもつ磁石のまん中とは，いったい何なのか？

ある子は，次のようにノートに書いていた。理科の苦手な子である。

> ぼくは鉄だと思う。もしじしゃくだったら，じしゃくにつくものがくっつかないのはおかしいと思いました。じしゃくのまん中は，じしゃくにはつくけど，クリップはつかないです。やっぱりぼくはじしゃくじゃなくて鉄だと考えました。
>
> でも，ひょっとしたら，じしゃくはじしゃくでも，つかないじしゃくなのかもしれない。理由は，ＳとＳとか，ＮとＮとかそういうじしゃくかもしれない。

これは，実はかなり当を得ている考えである。

実は，Ｕ磁石の中には，不完全に磁化されているものもあるのだ。その場合，まん中の部分だけは，磁力をもたない場合もある。

◆最後は教師実験で検証する

討論が煮つまったら，あとは，教師実験で確かめるようにする。

> これなら一発でわかるという方法を言いなさい。

「割って調べる」という意見が出された。

そうなのである。磁石をハンマーで割って調べれば一発でわかる。まん中が磁石なら，鉄が引きつけられるはずだ。ハンマーで軽くたたいただけで，簡単に２つに割ることができる。上手にやると，まん中の部分だけを取り出せる。鉄を近づけると……。

「ついたぁ！」

教室は,「うそ～！」と驚きの声をあげる子や, 唖然としている子,
信じられないといった表情をしている子などさまざまであった。なん
とたった1人が正解だったのである。疑い深い子がたくさんいて（と
てもいいことだ）, 本当に釘がついているのかどうかを自分で確かめて
いた。磁石のまん中は, 磁石の力が弱くなるのだ。

　ここで, もう1つ実験してみせた。磁石に大きめの釘をつけておく。
釘を複数つけていてもよい。釘のついたほうに, 磁石をつなげると,
釘が落ちるのである。つまり, まん中は磁力が弱くなったのだ。

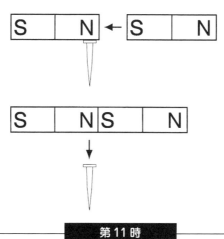

割った磁石の極はどうなっているのか

◆新たな疑問が発生した

　ここまでやって, 新しい疑問が子供から生まれた。まず出たのは,
次の疑問である。

　　①磁石のまん中は磁石だということがわかったが, いったい何極
　　　になったのか？

　そうして, いろいろと予想をしていると, 次の疑問も生まれてきた。

　　②磁石のN極と書いてある部分だけを切ると, N極だけの磁石が
　　　できるか？

211

子供が，上の２つの新たな疑問をもった。ある子は，Ｎ極のほうを小さく切ると，Ｎ極だけの磁石になると主張していた。

　順序として，②から扱うことにした。そのほうが理解しやすいと考えたからである。

◈自分なりの方法で確かめさせる

　さっそく子供に実験をさせた。

　今回は，ゴム磁石を使用した。あらかじめ，ゴム磁石には，Ｎ極とＳ極のシールを貼ってある。Ｎ極のシールを貼っているところだけを，はさみで切らせた。切ったところを，ほかの磁石に近づけて，極があるかどうかを確認する。

　子供たちは，「Ｓ極ができている！」と驚きの声をあげた。Ｎ極しかできないと思っていた子は，「うそ！？」と何度も調べていた。

　次に，Ｓ極はどうなのかを子供は調べ始めた。Ｓ極のほうだけを小さく切っても，やはりＮ極があることがわかる。やんちゃな子が率先して，ものすごく小さく磁石を刻み始めた。どんなに小さく切っても，Ｓ極とＮ極があることがわかる。

　最後に，①のまん中は何極かを予想した。これは，先ほどの学習が生かせる。まん中を切って２つに磁石を分けると，その２つに分かれた磁石にもＳ極とＮ極の両方があるのだから，どこがＳ極になってＮ極になるかが予想できる。

　磁石は，小さな磁石がたくさん集まったものである。どこを切っても，Ｓ極とＮ極の両方をもつ磁石が出てくる。このことが実験をとおして理解されたのである。

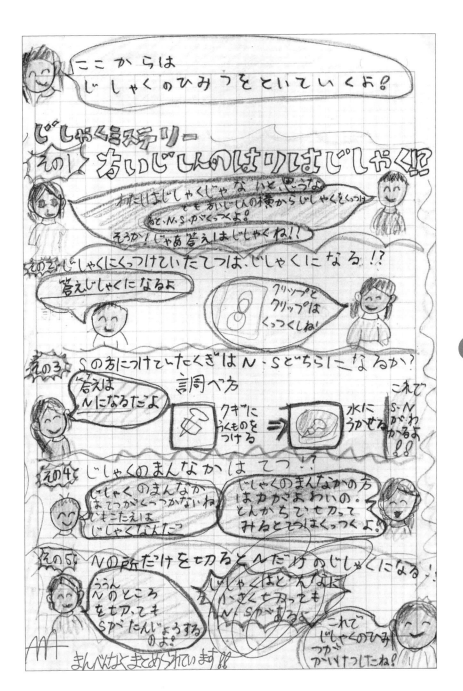

あとがき

　若い先生に聞くと，「理科の授業の進め方」がよくわからないと言う。特に，新卒時代は厳しいという声があがる。実験の準備はあるし，ノートをどう書かせたらわからないし，植物が枯れたり……。

　理科は難しいというイメージがあるらしいのだ。

　2008 年に，理科の授業が苦手な教師がどれぐらいいるのかの調査が行われた。「平成 20 年度小学校理科教育実態調査」である。科学技術振興機構と国立教育政策研究所が共同で調査したものだ。

　注目すべき結果が出ている。

　　1　学級担任として理科を教える教員の約 50％が，理科全般の内容
　　　の指導が「やや苦手」か「苦手」と感じている。この割合は，教
　　　職経験年数が短い教員に高い傾向がある。

　　2　学級担任として理科を教える教員の約 70％が，理科の指導法に
　　　ついての知識・技能が「やや低い」か「低い」と感じている。こ
　　　の割合は，教職経験年数が短い教員に高い傾向がある。

　現場で理科を教える教師の半数が，理科の指導が苦手と感じているのも驚きだが，(2) の「70％」という数字に，今の理科授業が本当に危機に立たされていることを感じる。しかも，若手教師はもっと高いパーセンテージだという結果が出ているのだ。

　私自身の新卒時代の時も，理科の授業に苦労したというイメージがある。大学で理科を専攻していたのだが，それでも，授業に苦労した。

　なにせ，小学校で教えなくてはならないのは，理科だけではないからである。国語も，算数も，音楽も，体育も，図工も，書道も……，といったぐあいに教える中で，理科も教えなくてはならない。

それでも，新卒41人学級で，「好きな教科は？」のアンケートの結果には驚いた。なんと，理科が17人でぶっちぎりのトップだったのである。

　私は，常々次のように考えてきた。

「教師が楽しめて，しかも，子供に力がつく方法はないのか。」

「準備などが面倒ではなく，しかもおもしろい授業はできないのか。」

　こうして若い教師向けに書き上げたのが，本書であり，「理科の授業が楽しくなる本」（教育出版）である。

　本書は，3年生の理科授業の全単元の実践を公開したものである。

　授業技術や単元の展開，指導法なども，すべて示してある。

　生のままの実践というのは，若い教師にとって何かと役に立つはずである。授業者の思いや教室の息づかいを感じてほしいと思う。

　本書が若い教師の役に立ち，理科好きの子供を1人でも多く増やすきっかけになったなら，幸甚である。

　最後に，教育出版編集部の玉井久美子氏には，本書の企画段階から的確なアドバイスやアイデアをたくさんいただいた。氏がいなければこの本は完成しなかった。記して感謝申し上げる。

2009年3月　大前暁政

大前暁政（おおまえ　あきまさ）

1977年，岡山県に生まれる。岡山大学大学院教育学研究科（理科教育）修了後，公立小学校教諭を経て，2013年4月より京都文教大学准教授に就任。教員養成課程において，教育方法論や理科教育法などの教職科目を担当。「どの子も可能性をもっており，その可能性を引き出し伸ばすことが教師の仕事」と捉え，現場と連携し新しい教育を生み出す研究を行っている。文部科学省委託体力アッププロジェクト委員，教育委員会要請の理科教育課程編成委員などを歴任。理科の授業研究が認められ「ソニー子ども科学教育プログラム」に入賞。日本初等理科教育研究会，日本理科教育学会所属。

著　書　『理科の授業が楽しくなる本』(教育出版)
　　　　　『たいくつな理科授業から脱出する本―これだけは身につけたい理科の授業技術』(教育出版)
　　　　　『なぜクラス中がどんどん理科のとりこになるのか―改訂・全部見せます小4理科授業』(教育出版)
　　　　　『なぜクラス中がどんどん理科に夢中になるのか―改訂・全部見せます小5理科授業』(教育出版)
　　　　　『なぜクラス中がどんどん理科を得意になるのか―改訂・全部見せます小6理科授業』(教育出版)
　　　　　『先生のためのセルフコーチング』(明治図書)
　　　　　『理科の授業がもっとうまくなる50の技』(明治図書)
　　　　　『子どもを自立へ導く学級経営ピラミッド』(明治図書)
　　　　　『実践アクティブ・ラーニングまるわかり講座』(小学館)
　　　　　『大前暁政の教師で成功する術』(小学館)
　　　　　『学級経営に活かす　教師のリーダーシップ入門』(金子書房)
　　　　　『勉強ができる！クラスの作り方』(東洋館出版社)
　　　　　『大前流教師道―夢をもちつづけることで教師は成長する』(学事出版)
　　　　　『若い教師がぶつかる「壁」を乗り越える指導法！』(学陽書房)

なぜクラス中がどんどん理科を好きになるのか
改訂・全部見せます小3理科授業

2009年7月5日　初版第1刷発行
2020年3月22日　2版第1刷発行

　　　　　著　者　大前暁政
　　　　　発行者　伊東千尋
　　　　　発行所　教育出版株式会社
　　　　　　　　　〒101-0051　東京都千代田区神田神保町2-10
　　　　　　　　　TEL 03-3238-6965　FAX 03-3238-6999
　　　　　　　　　URL https://www.kyoiku-shuppan.co.jp

装丁・DTP　ユニット
印刷　モリモト印刷
製本　上島製本

ISBN978-4-316-80491-0 C3037

© OMAE.Akimasa 2020
Printed in Japan
落丁本・乱丁本はお取り替えいたします